山东省区域
科技创新能力评价报告
2023

山东省创新发展研究院　著

科学技术文献出版社
SCIENTIFIC AND TECHNICAL DOCUMENTATION PRESS
·北京·

图书在版编目（CIP）数据

山东省区域科技创新能力评价报告 . 2023 / 山东省创新发展研究院著 . —北京：科学技术文献出版社，2024.5

ISBN 978-7-5235-1369-9

Ⅰ . ①山…　　Ⅱ . ①山…　　Ⅲ . ①技术革新—研究报告—山东—2023　Ⅳ . ① F124.3

中国国家版本馆 CIP 数据核字（2024）第 100056 号

山东省区域科技创新能力评价报告2023

策划编辑：张　丹　责任编辑：张　丹　邱晓春　责任校对：张永霞　责任出版：张志平

出　版　者	科学技术文献出版社
地　　　址	北京市复兴路15号　　邮编 100038
出　版　部	（010）58882952，58882087（传真）
发　行　部	（010）58882868，58882870（传真）
官 方 网 址	www.stdp.com.cn
发　行　者	科学技术文献出版社发行　全国各地新华书店经销
印　刷　者	北京地大彩印有限公司
版　　　次	2024 年 5 月第 1 版　2024 年 5 月第 1 次印刷
开　　　本	889×1194　1/16
字　　　数	177千
印　　　张	10.75
审　图　号	鲁SG（2024）022号
书　　　号	ISBN 978-7-5235-1369-9
定　　　价	88.00元

《山东省区域科技创新能力评价报告2023》
编辑委员会

前　言

2022 年，面对错综复杂的国际环境和疫情反复冲击的严峻形势，山东省全省上下深入学习贯彻党的二十大精神，锚定争当国家高水平科技自立自强"排头兵"的目标定位，奋楫争先、砥砺前行，全省科技创新工作取得新成效。

山东省出台了《山东省人民政府关于加快推进新时代科技强省建设的实施意见》，强化教育、科技、人才的战略支撑作用，全面推进科技强省建设开启新征程。省级科技创新发展资金保持高位投入，带动全社会研发投入持续快速增长。打造战略科技力量，"1313"四级实验室体系逐步完善，国家盐碱地综合利用技术创新中心成功获批，科技平台承载力全面提升。聚焦"十强产业"，组织实施一批重大科技创新工程项目，突破一批关键核心技术，带动重点产业链条式、集群式发展。高新技术企业总数突破 2.6 万家，入库科技型中小企业突破 3.54 万家，科技创新实力实现整体跃升。

按照《山东省人民政府关于深化创新型省份建设若干措施的通知》（鲁政字〔2019〕142 号）文件部署，在省科技厅和省统计局支持下，省创新发展研究院完成了 2023 年区域创新评价相关工作，并形成了《山东省区域科技创新能力评价报告2023》（以下简称《报告》）。

《报告》评价指标体系总体沿用了上年报告的评价指标体系，由 5 个一级指标和 25 个二级指标组成。其中，一级指标分别为创新投入、创新产出、企业创新、创新环境和创新驱动，根据山东省"十四五"科技创新发展规划及政府统计制度变化、数据可获得性等最新情况，对部分二级指标进行调整。《报告》评价方法采用综合指数评价法，并引用官方最新权威数据。《报告》共分 4 个部分：第一部分是全省科技创新基本情况评价。包括全省科技创新发展总体评价、区域综合科技创新水平评价、区域科技创新总体特征等内容。第二部分是区域科技创新各级指标评价。包括区域科技创新一级指标评价和区域科技创新二级指标评价等内容。第三部分是区域综合科技创新水平分析。包括全省 16 市科技创新发展情况、创新发展主要指标分析及位次、产业发展情况等内容。第四部分是附录。包括指标体系、指标解释和评价方法说明等内容。

《报告》标题中的"2023"指的是报告发布年份，报告所用数据标注为"当年"的均为 2022 年数据；标注为"上年"的均为 2021 年数据。

《报告》尊重原始数据，力求客观公正，是山东省创新发展研究院连续第六个年度出版的研究成果。《报告》得到省科技厅、省统计局、省工业和信息化厅、省市场监管局等有关方面的大力支持和山东省创新发展研究院智库项目资助。

由于时间紧迫，经验有限，《报告》虽然数易其稿，难免有不尽如人意之处，恳请各界人士在参阅过程中批评指正，以便我们今后加以改进。

《山东省区域科技创新能力评价报告 2023》编辑委员会
2024 年 3 月

C目录
Contents

第一部分　全省科技创新基本情况评价

一、全省科技创新发展总体评价

2022 年，山东省深入贯彻落实习近平总书记关于科技创新的重要论述和视察山东的重要指示要求，坚持创新核心地位，大力实施创新驱动发展战略，加快实现科技自立自强，全省科技工作实现新突破，创新综合实力显著增强。2022 年，全省综合科技创新水平指数达到 71.14%，较上年提高 7.61 个百分点，除创新投入略有下降外，创新产出、企业创新、创新环境、创新驱动等 4 个一级指标实现全面提升，为全省经济高质量发展提供了强劲动力（图 1-1）。

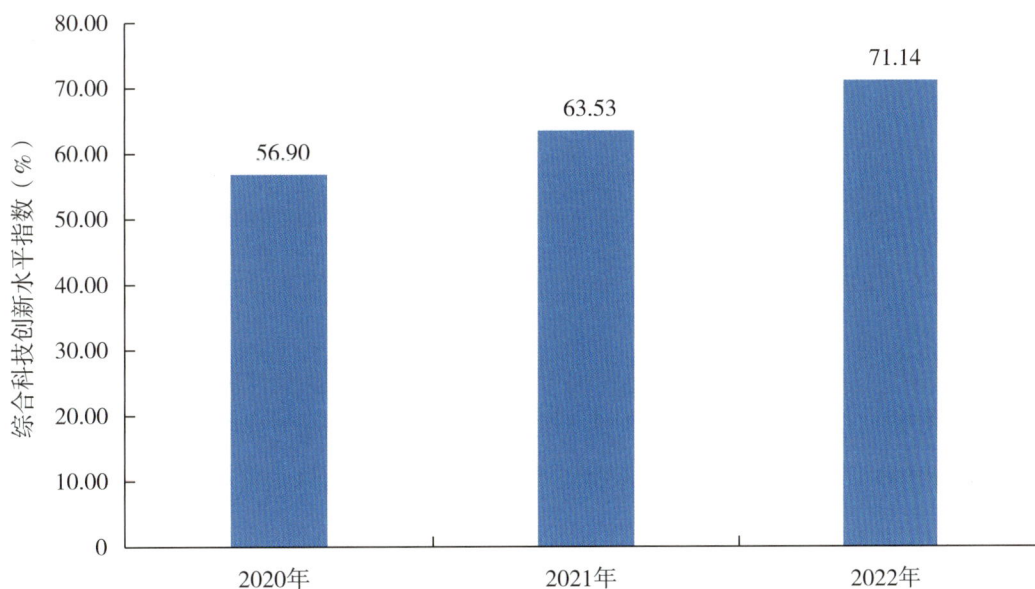

图 1-1　2020—2022 年山东省综合科技创新水平指数

（一）创新投入规模持续扩大

2022 年，全省创新投入指数达 62.65%，虽较上年略有降低，但创新投入总量规模保持增长态势。全社会 R&D 经费支出首次突破 2000 亿元大关，基础研究经费连续两年增速超过 20%，研发人员总量持续增长，创新基础进一步夯实。

"十四五"以来，山东省整合设立了每年不低于 120 亿元的省级科技创新发展资金，2022 年达到 145.2 亿元，带动全社会研发投入快速增长，全省全社会 R&D 经费支出达 2180.41 亿元，同比增长 12.12%，连续三年 R&D 经费支出增速超过 10%。全社会 R&D 经费支出占 GDP 比重达 2.49%，较上年提高 0.14 个百分点。自 2018 年以来，16 市全社会 R&D 经费总量和投入强度首次实现双增长（图 1-2）。

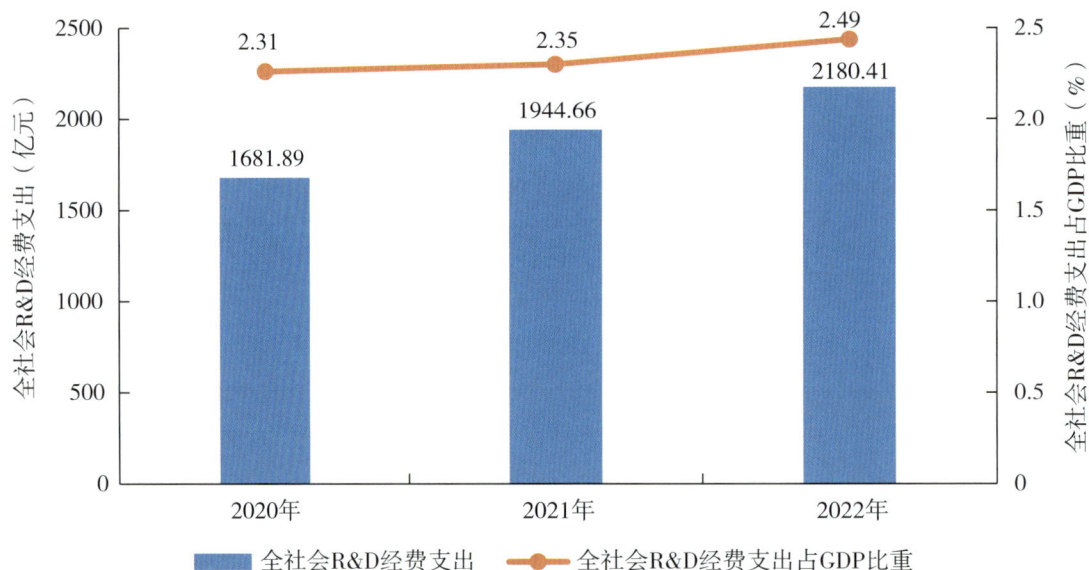

图 1-2　2020—2022 年山东省全社会 R&D 经费支出情况

基础研究经费支出总量持续增加。2022 年，全省基础研究经费支出达 89.54 亿元，较上年增长 21.42%，增速高于全社会 R&D 经费增速 9.3 个百分点。基础研究经费支出占 R&D 经费支出比重达 4.11%，较上年提高 0.31 个百分点（图 1-3）。

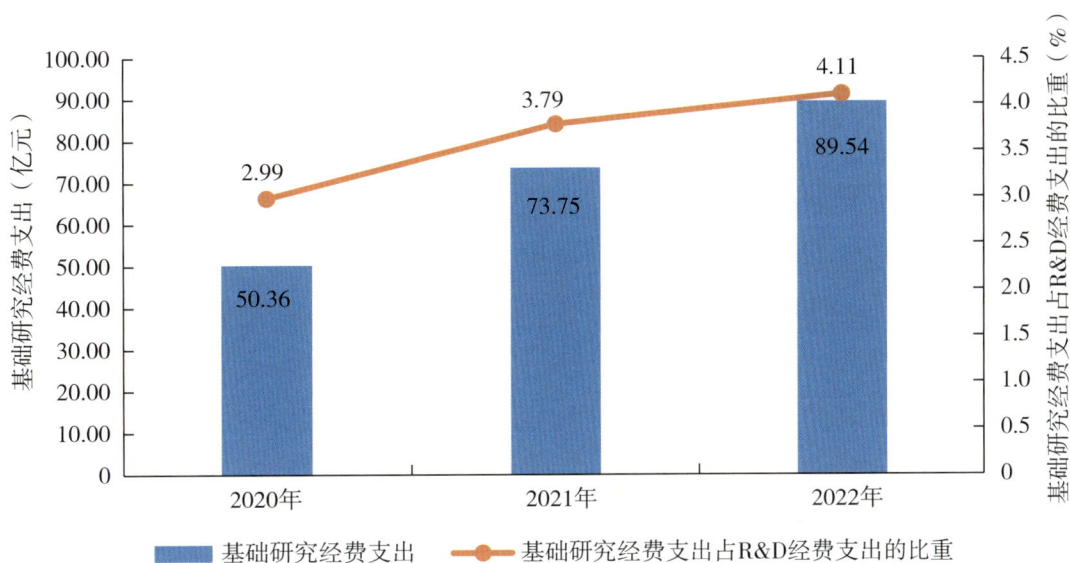

图 1-3　2020—2022 年山东省基础研究经费支出情况

全社会研发人员保持平稳增长。2022 年，全省研发人员全时当量达 51.45 万人年，较上年增长 14.93%，其中，基础研究人员折合全时当量 3.23 万人年，较上年增加 0.31 万人年，增长 10.49%。每万名就业人员中研发人员数达 96.38 人年，较上年提高 14.63 人年，研发人员队伍不断壮大（图 1-4）。

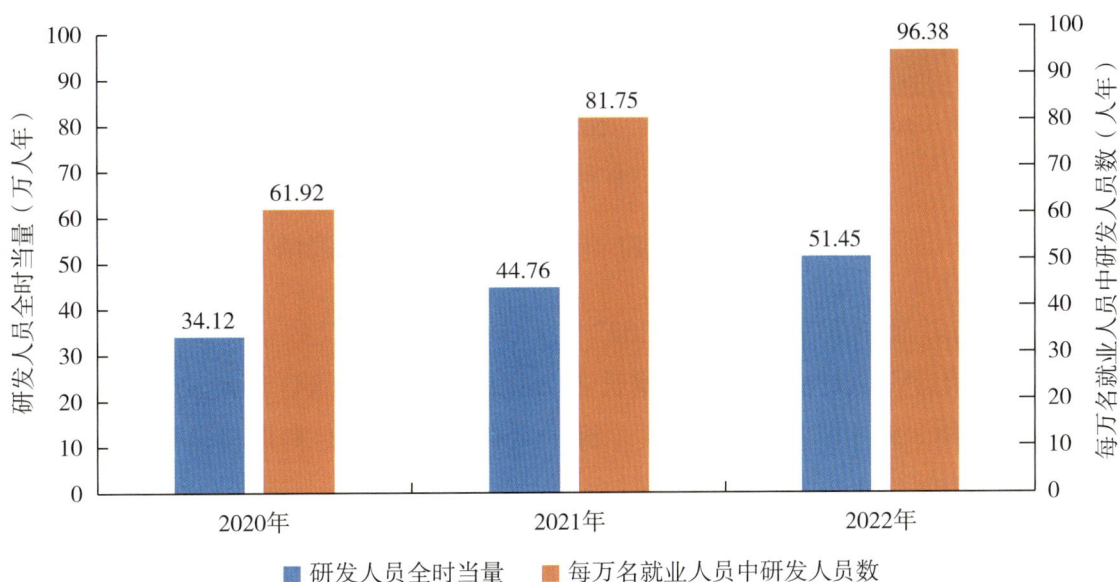

图 1-4　2020—2022 年山东省研发人员投入情况

（二）创新产出全面提升

2022年，全省创新产出指数达73.20%，较上年提高18.53个百分点。进一步聚焦重点产业、重点领域关键核心技术需求，全面激发科技创新活力，全省技术市场不断发展壮大，技术合同成交额迈上3000亿元新台阶，知识产权创造力稳步提升，科技论文产出量质双升，为强省建设提供有力支撑。

全省技术市场交易活跃。2022年，技术合同成交额达3256.04亿元，同比增长26.95%，登记技术合同55 680项，同比增长15.35%，项均技术合同成交额达584.78万元，同比增长10.05%，每亿元GDP技术合同成交额371.79万元，较上年提高62.30万元（图1-5）。

图 1-5　2020—2022 年山东省成交技术合同情况

专利产出彰显创新实力提升。2022年，全省专利授权数达342 290件，其中，发明专利授权数达48 696件，同比增长33.98%。每亿元R&D经费支出发明专利授权数达22.33件，较上年提高3.64件。每万人高价值发明专利拥有量达6.50件，较上年提高1.86件（图1-6）。

科技论文产出总量持续增长。作为基础研究的重要产出之一，2022年，全省科技论文数达11.82万篇，较上年增长5.50%，但万名研究人员科技论文数较上年下降4.79%，研究人员的论文产出效益还需提升。

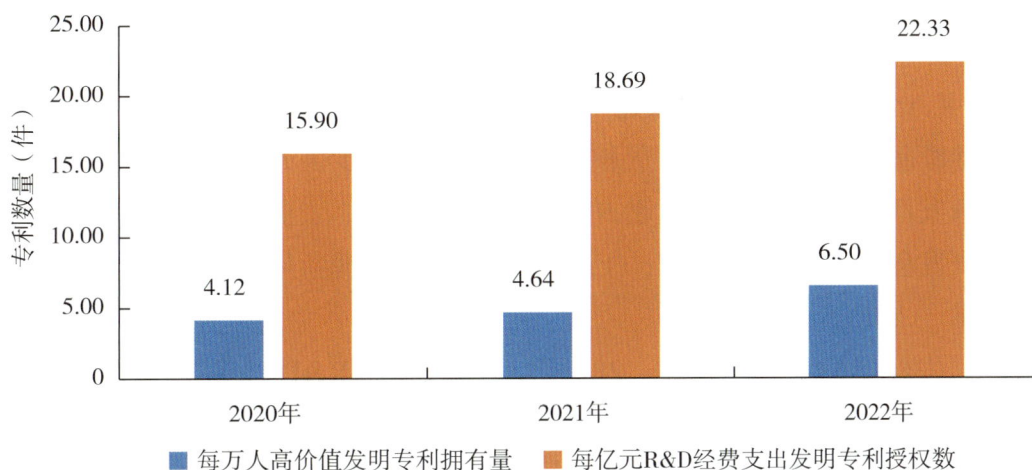

图 1-6   2020—2022 年山东省专利产出情况

高新技术产业蓬勃发展。2022 年，全省规上高新技术产业产值同比增长 4.08%，高新技术产业产值占规上工业产值比重达 48.26%，较上年提高 1.50 个百分点。高新技术产业固定资产投资累计占工业固定资产投资的比重达 49.9%，较上年提高 2.7 个百分点（图 1-7）。

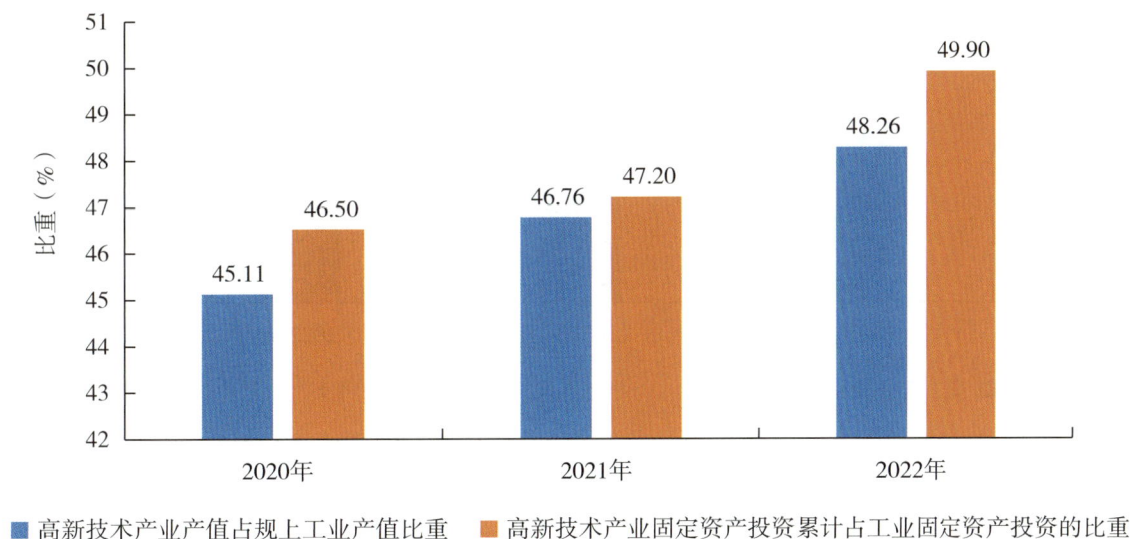

图 1-7   2020—2022 年山东省高新技术产业产值及固定资产投资情况

（三）企业创新活力增强

2022 年，全省企业创新指数达 78.03%，较上年提高 7.64 个百分点。企业创新主体地位继续巩固，企业研发经费和研发人力投入稳步提升，开展研发活动积极性增强，有研发活动的规上工业企业占比首次超过 50%，企业发明专利产出水平进一步提高，研发创新能力持续提升，工业高质量发展呈现新局面，为强省建设贡献中坚力量。

企业研发经费投入再创新高。2022 年，全省企业 R&D 经费支出 1943.18 亿元，同比增长 11.30%，占全省 R&D 经费支出的比重达 89.12%，其中，规上工业企业 R&D 经费支出达 1728.70 亿元，同比增长 10.44%，占规上工业企业营业收入的比重为 1.59%，同比提高 0.08 个百分点。企业研发人员投入力度加大。2022 年，全省规上工业企业 R&D 人员达 578 060 人，较上年增长 7.82%，占规上工业企业从业人员比重为 10.27%，较上年提高 0.73 个百分点（图 1-8）。

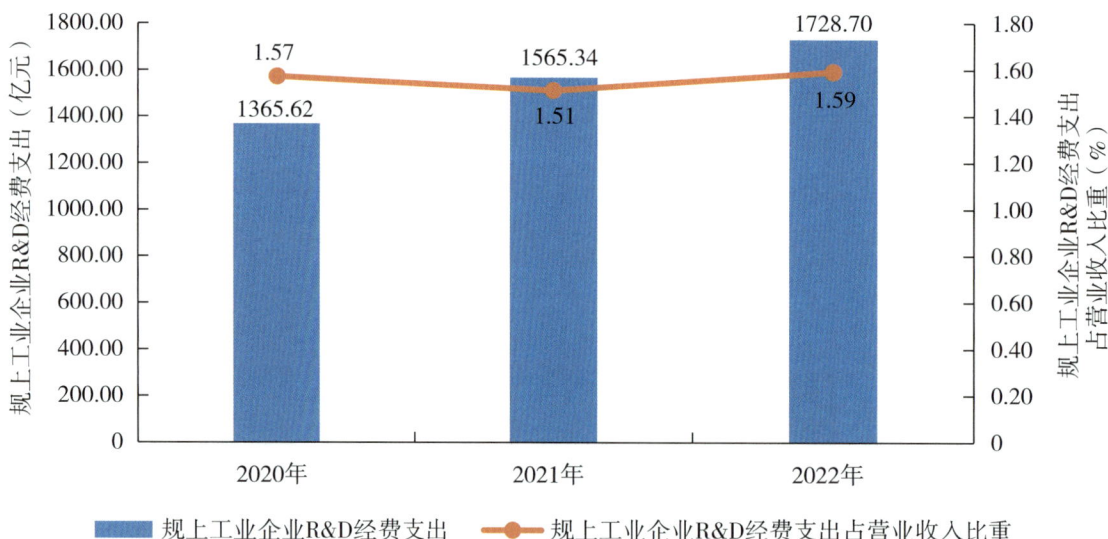

图 1-8　2020—2022 年山东省规上工业企业 R&D 经费支出情况

企业研发活跃度日趋高涨。2022 年，全省有研发活动的规上工业企业数达 17 793 家，同比增长 13.72%，有研发活动的规上工业企业占规上工业企业比重达 50.37%，较上年提高 3.04 个百分点，列全国第 3 位。全省有研发机构的规上工业企业达 8456 家，同比增长 32.75%，占规上工业企业的比重为 23.94%，较上年提高 4.67 个百分点（图 1-9）。

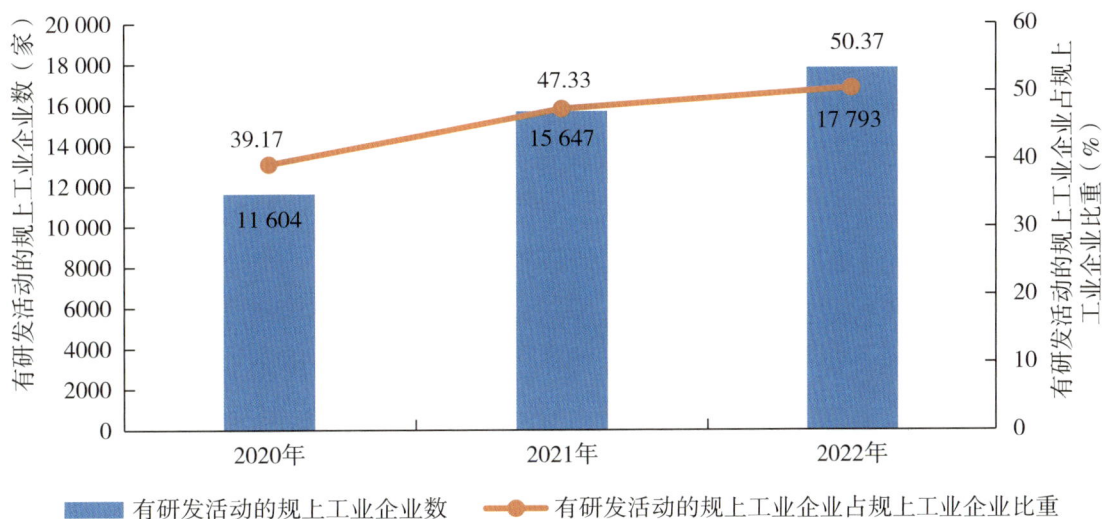

图 1-9　2020—2022 年山东省规上工业企业开展研发活动情况

　　企业创新产出成绩斐然。2022 年，全省规上工业企业新产品销售收入达 37 847.17 亿元，同比增长 37.42%，占营业收入比重达 34.71%，较上年提高 8.18 个百分点，企业市场竞争力逐渐增强。2022 年，全省规上工业企业发明专利拥有量达 130 077 件，同比增长 25.79%，每万名规上工业企业 R&D 人员发明专利拥有量达 3320.15 件，较上年增加 360.33 件，企业创新能力不断提升（图 1-10）。

图 1-10　2020—2022 年山东省规上工业企业新产品销售收入情况

（四）创新创业环境显著优化

2022 年，全省创新环境指数达 71.44%，较上年提高 4.98 个百分点。全省进一步聚焦科技体制机制改革，优化创新资源配置，出台《山东省人民政府关于加快推进新时代科技强省建设的实施意见》等一系列创新政策，科技型企业培育、科研物质条件改善取得积极成效，为科技强省建设提供有力保障。

科研物质条件有所改善。用于 R&D 活动的仪器和设备是科技创新活动重要的物质技术基础。2022 年，全省科研仪器和设备支出增加 16.79 亿元，较上年增长 14.44%，高于上年增速 12.60 个百分点，达 133.03 亿元，但每名 R&D 人员仪器和设备支出略有下降，达 2.59 万元（图 1-11）。

科技型企业培育跑出"加速度"。2022 年，全省新创建国家级科技企业孵化器 6 家、众创空间 26 家，国家级孵化载体总数达到 348 家，居全国第 3 位。高新技术企业数达 26 778 家，较上年新增超过 6000 家，新增数量创历史新高，总量居全国第 5 位。每万家企业法人单位中高新技术企业数达 83.60 家，较上年增加 13.91 家。入库科技型中小企业达 3.54 万家，同比增长 22.33%（图 1-12）。

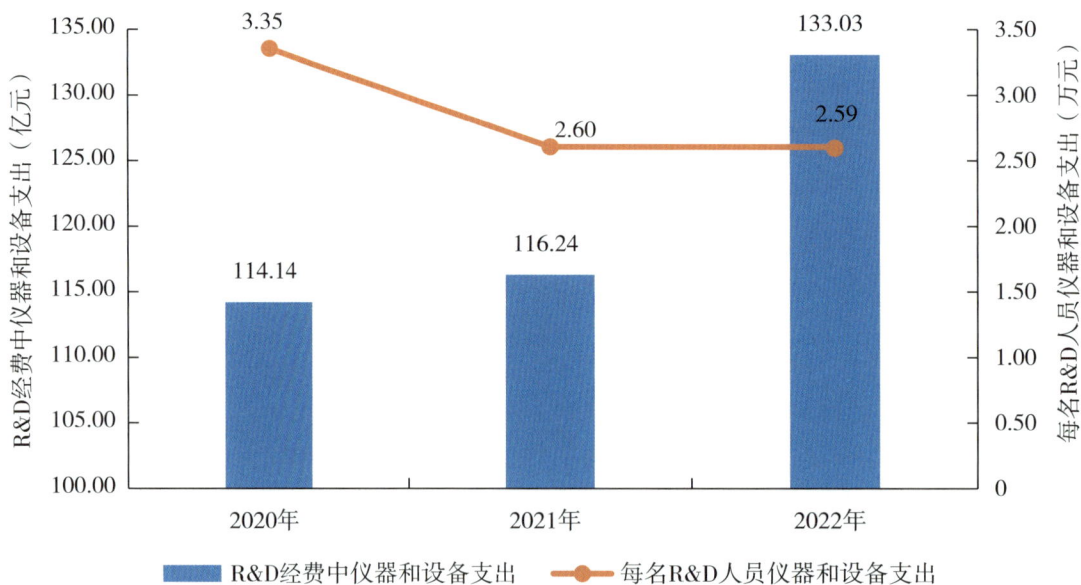

图 1-11　2020—2022 年山东省仪器和设备支出情况

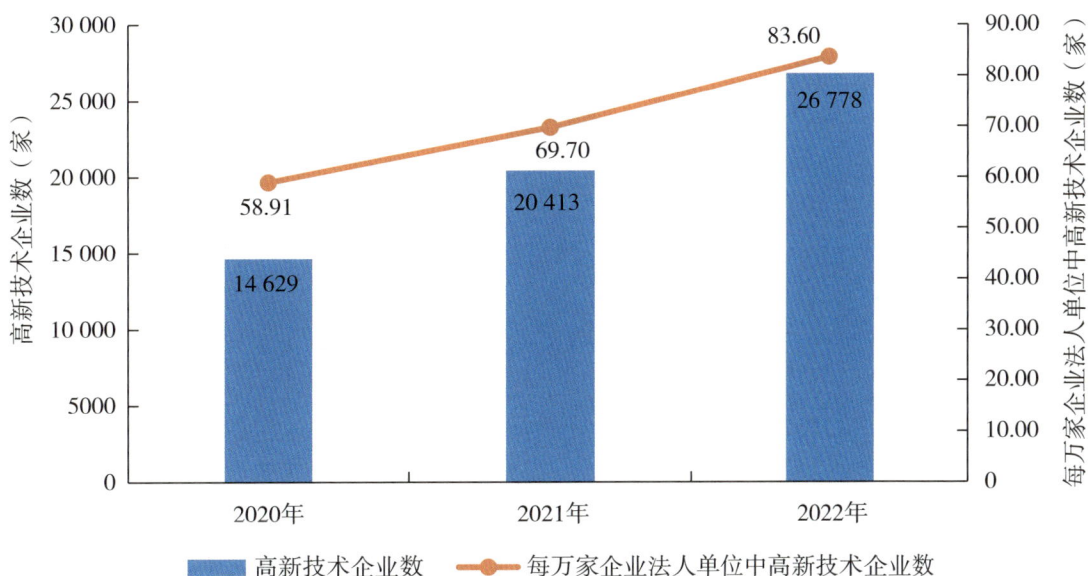

图 1-12 2020—2022 年山东省高新技术企业培育情况

科技创新政策得到有效落实。2022 年，全省落实研发费用政策加计额达 1600 亿元，同比增长 63.3%，惠及企业 4 万家。落实中小微企业升级高企财政补助资金约 5 亿元，惠及企业 4856 家。支持 3164 家企业获得科技成果转化贷款 185.89 亿元，落实 454 家科技型中小企业贷款贴息 3456.5 万元，拉动贷款 21.6 亿元，降低企业融资成本 40%，带动项目总投入 81.56 亿元。

营商环境持续优化。自 2020 年以来山东省连续发布 4 个优化营商环境行动方案，围绕进一步创新提升全周期服务水平、提升全过程监管服务效能、健全完善全闭环解决企业诉求机制等方面出台具体举措，推动全省营商环境再升级。外商投资作为地区经济高质量发展的重要支撑，2022 年，全省实际使用外资金额达 228.74 亿美元，较上年增长 6.31%，占 GDP 比重为 1.76%，较上年提高 0.09 个百分点，吸引和利用外资能力得到提升（图 1-13）。

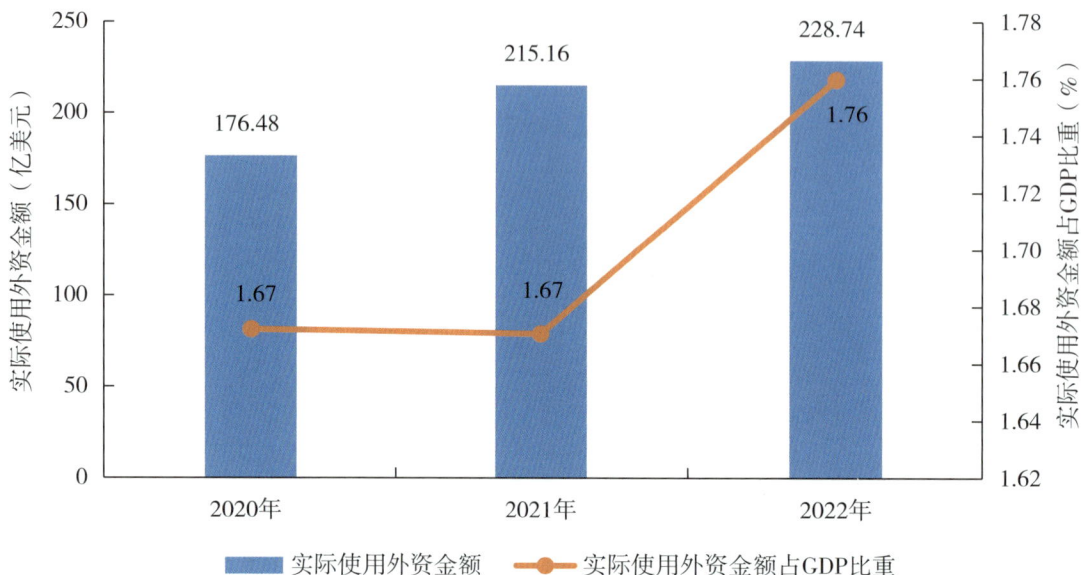

图 1-13 2020—2022 年山东省实际使用外资情况

（五）创新驱动成效日益凸显

2022 年，全省创新驱动指数达 70.52%，较上年提高 15.64 个百分点。随着创新驱动发展战略的深入实施，全省全员劳动生产率继续提升，产业升级和绿色低碳高质量发展不断推进，为科技强省建设赋能加速。

全社会劳动效率进一步提升。2022 年，全省全员劳动生产率达 16.41 万元／人，较上年增加 1.27 万元／人。产业结构转型升级效能明显。2022 年，全省万元 GDP 综合能耗较上年下降 3.79 个百分点，能源综合利用效率不断提高（图 1-14）。

新兴产业加速发展。2022 年，全省"四新"经济增加值占 GDP 比重达 32.90%，较上年提高 1.20 个百分点。现代服务业增加值占 GDP 比重达 26.80%，较上年提高 0.08 个百分点，产业升级态势良好（图 1-15）。

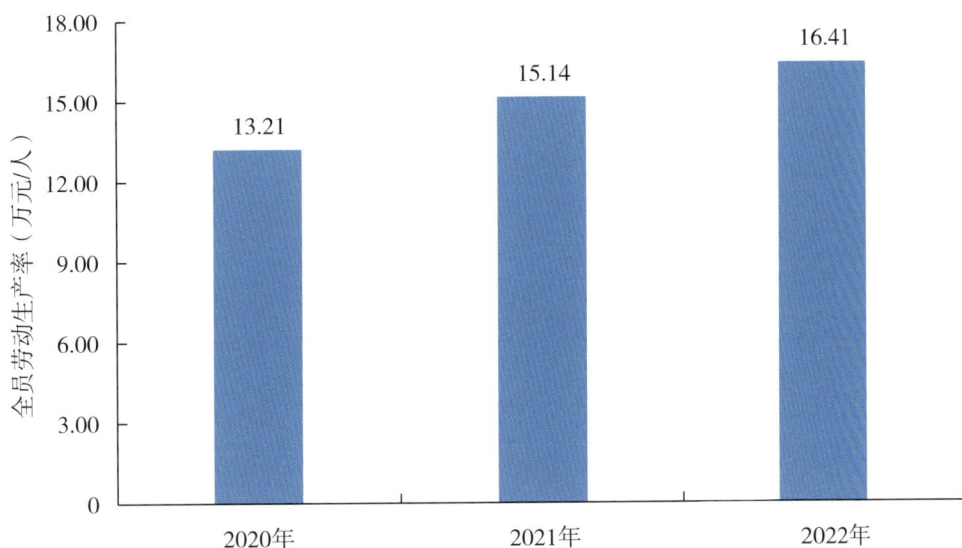

图 1-14　2020—2022 年山东省全员劳动生产率情况

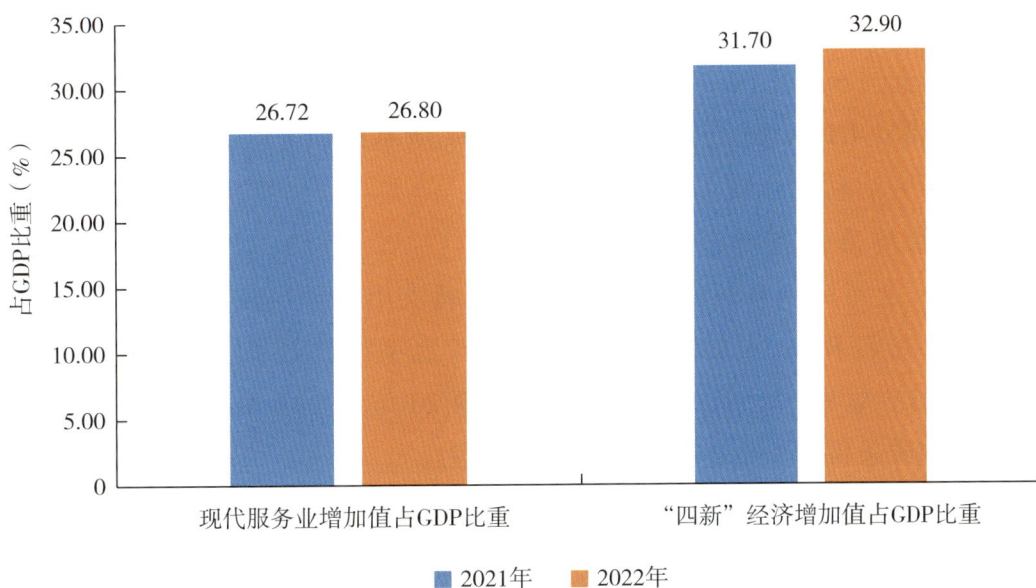

图 1-15　2021—2022 年山东省创新驱动相关指标发展情况

（六）总体评价中发现的问题

1. 市县级财政科技支出不足

2022 年，全省地方财政科技支出为 313.26 亿元，占全省财政支出的比重为 2.58%。市县级财政科技支出 210.49 亿元，较上年下降 12.55%，仅为广东、江苏、浙江市县级财政科技支出的 22.88%、33.22%、34.32%，占市县级财政支出的比重为 1.92%，较上年下降 0.38 个百分点。从市县级财政科技支出来看，聊城市不足 1 亿元，有 11 个市不足 10 亿元；从占比来看，只有 4 个市增长，其余 12 个市较上年下降。

2. 高水平研发人员队伍有待壮大

研究人员一般指具备中级及以上职称或博士学历的从事 R&D 活动的人员。2022 年，全省 R&D 人员中有研究人员 182 034.10 人年，较上年增长 10.81%，但占比较上年下降 1.32 个百分点，为 35.38%。主要原因是研究人员增速缓慢。2022 年，全省 R&D 人员较上年增长 14.93%，高于研究人员增速 4.12 个百分点，高层次研发人员培养和引进仍需加强。

3. 基础研究经费支出占比仍较小

基础研究经费占比是衡量一个区域原始创新能力的重要指标。2022 年，我省基础研究经费虽较上年有所提高，但基础研究经费支出占 R&D 经费支出的比重仅为 4.11%，与全国 6.57% 的占比水平还有较大差距，并且低于广东（5.43%）、浙江（4.56%）、江苏（4.14%）。在重视高校、科研院所基础研究投入的同时亦应关注重点企业基础研究活动的开展。

4. 科研物质条件有待进一步改善

2022 年，全省用于 R&D 活动的仪器和设备支出总额虽较上年有大幅增加，但从人均来看，每名 R&D 人员仪器和设备支出较上年出现下降，《中国区域科技创新评价报告 2023》显示，山东省该指标居全国第 23 位，排名相对落后，全省对科研人员的科研物质条件和资源的改善还需持续发力。

2021 年和 2022 年山东省科技创新主要指标比较情况如表 1-1 所示。

表 1-1 2021 年和 2022 年山东省科技创新主要指标比较

指标名称	2021 年	2022 年
综合科技创新水平指数（%）	63.53	71.14
创新投入指数（%）	69.40	62.65
全社会 R&D 经费支出（亿元）	1944.66	2180.41
全社会 R&D 经费支出占 GDP 比重（%）	2.35	2.49
地方财政科技支出占一般公共预算支出的比重（%）	3.18	2.58
基础研究经费支出占 R&D 经费支出的比重（%）	3.79	4.11

续表

指标名称	2021 年	2022 年
R&D 人员全时当量（万人年）	44.76	51.45
每万名就业人员中研发人员数（人年）	81.75	96.38
R&D 人员中研究人员占比（%）	36.70	35.38
创新产出指数（%）	54.68	73.20
每亿元 GDP 技术合同成交额（万元）	309.49	371.79
每万人高价值发明专利拥有量（件）	4.64	6.50
万名研究人员科技论文数（篇）	6822.42	6495.38
每亿元 R&D 经费支出发明专利授权数（件）	18.69	22.33
规上高新技术产业产值占规上工业产值比重（%）	46.76	48.26
企业创新指数（%）	70.39	78.03
规上工业企业 R&D 经费支出占营业收入的比重（%）	1.51	1.59
规上工业企业 R&D 人员占规上工业企业从业人员比重（%）	9.54	10.27
有研发活动的规上工业企业数（家）	15 647	17 793
有研发活动的规上工业企业占规上工业企业比重（%）	47.33	50.37
规上工业企业新产品销售收入（亿元）	27 540.30	37 847.17
规上工业企业新产品销售收入占营业收入比重（%）	26.53	34.71
每万名规上工业企业 R&D 人员发明专利拥有量（件）	2959.82	3320.15
创新环境指数（%）	66.46	71.44
每名 R&D 人员仪器和设备支出（万元）	2.60	2.59
高新技术企业数（家）	20 413	26 778
每万家企业法人单位中高新技术企业数（家）	69.70	83.60
科学研究和技术服务业平均工资比较系数（%）	127.50	125.15
实际使用外资金额占 GDP 比重（%）	1.67	1.76
享受研发费用加计扣除减免税政策的规上工业企业占规上工业企业的比重（%）	19.62	22.47
创新驱动指数（%）	54.88	70.52
全员劳动生产率（万元 / 人）	15.14	16.41
科学研究和技术服务业增加值占 GDP 比重（%）	—	—
"四新"经济增加值占 GDP 比重（%）	31.70	32.90
数字经济核心产业增加值占 GDP 比重（%）	6.14	—
万元 GDP 综合能耗较上年降低率（%）	3.83	3.79

二、区域综合科技创新水平评价

（一）各市综合科技创新水平评价

2022年，全省上下深入实施创新驱动发展战略，以实现高水平科技自立自强为目标，持续强化关键核心技术攻关、打造战略科技力量、提升企业创新主体地位、深化科技体制改革，全面激发创新活力，科技创新取得显著成效。从16市综合科技创新水平指数来看，整体呈现上升态势，按照指数高低，可以将16市划分为4类（图1-16）。

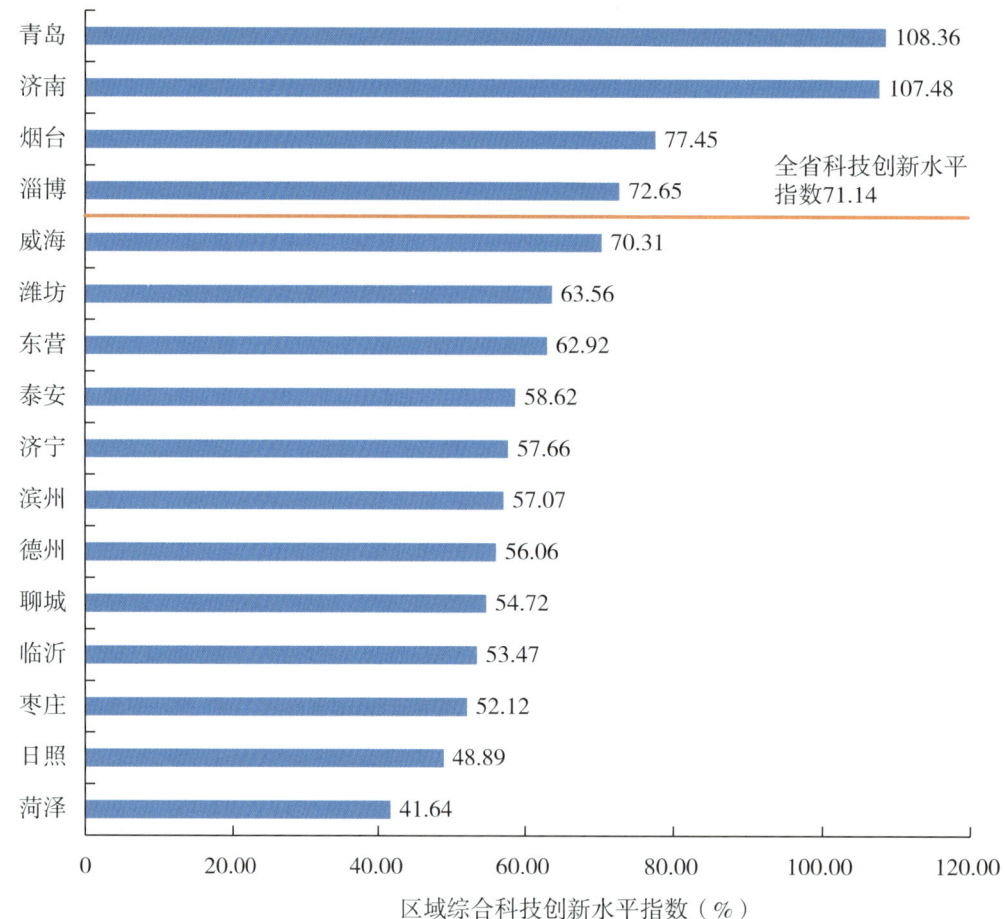

图 1-16　区域综合科技创新水平指数

第一类：青岛、济南。综合科技创新水平指数依旧引领全省，双双突破100%大关，青岛居全省首位。

第二类：烟台、淄博。综合科技创新水平指数低于青岛、济南，但超过全省平均水平（71.14%）。

第三类：威海、潍坊、东营、泰安、济宁、滨州、德州、聊城、临沂、枣庄。综合科技创新水平指数低于全省平均水平，但高于50%。

第四类：日照、菏泽。综合科技创新水平指数低于50%。

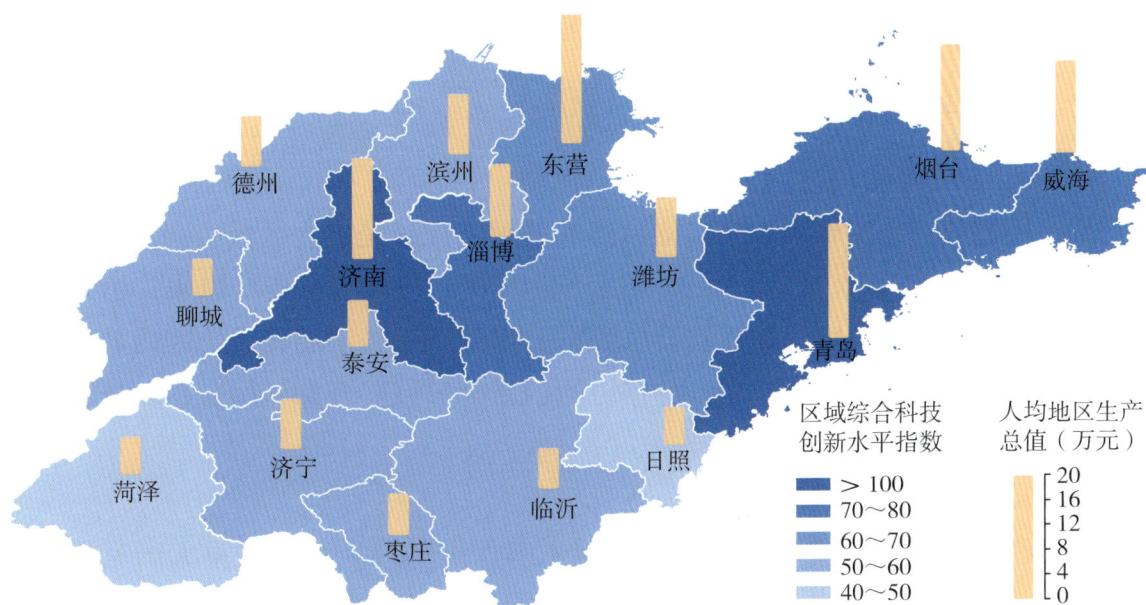

图1-17　综合科技进步水平与人均地区生产总值（2022年）

从各地区来看，经济越发达的地区，创新水平也越高，反之亦然。2022年，山东省综合科技进步水平排在前三位的地区分别为青岛、济南和烟台，其地区生产总值也分列全省前三位，人均地区生产总值分别排名第2、第4和第3位。其中，青岛人均地区生产总值为14.49万元，济南为12.83万元，烟台为13.46万元。

从区域综合科技创新水平发展变化来看，16市间综合科技创新水平差距缩小。经测算，16市综合科技创新水平的差异系数为29.05%，较上年下降1.74个百分点。从三大经济圈来看，三大经济圈差异系数均呈缩小趋势，其中，鲁南经济圈圈内差异系数最小，达13.30%，且较上年下降明显（表1-2）。

表 1-2　区域综合科技创新水平差异系数

地区	差异系数（%）	
	当年	上年
各市之间	29.05	30.79
省会经济圈	28.07	29.54
胶东经济圈	29.91	31.30
鲁南经济圈	13.30	18.28

（二）各区域综合科技创新水平评价

1. 三大经济圈协同发展持续推进

区域科技创新是实现高水平自立自强的关键支撑，是推进区域协调发展的内在要求。自 2020 年黄河流域生态保护和高质量发展上升为国家战略以来，山东半岛城市群充分发挥龙头作用，围绕省会、胶东、鲁南三大经济圈建设，圈内各市在基础设施互联互通、重大产业合作、科技协同创新等领域展开深入融合，科技创新取得积极成效。

（1）省会经济圈

省会经济圈是山东贯彻落实黄河流域生态保护和高质量发展重大国家战略的主要阵地，是引领山东半岛城市群高质量发展的强劲引擎。近年来，围绕加快构建"一心两圈层、一带两枢轴"的发展格局，省会经济圈进一步强化济南集聚和辐射功能，带动区域产业链、价值链、创新链提升，科技创新一体化发展逐步向前迈进。

在创新投入方面，2022 年，省会经济圈 R&D 经费支出达 958.72 亿元，较上年增长 11.38%，占 GDP 比重达 2.93%，较上年提高 0.15 个百分点，研发经费投入强度居三大经济圈首位。基础研究经费支出达 41.74 亿元，占 R&D 经费支出比重为 4.35%，高于全省平均水平 0.24 个百分点。地方财政科技支出较上年减少 26.99%，为 72.04 亿元，占一般公共预算支出的比重为 1.74%，低于全省平均水平，较上年下降 0.72 个百分点，政府对科技的投入还需增强。省会经济圈 R&D 人员全时当量达 21.36 万人年，较上年增长 20.45%，增幅高于其他两大经济圈，每万名就业人员中研发人员数达 112.40 人年，高于全省平均水平 16.02 人年。

在创新产出方面，2022 年，省会经济圈技术合同成交额达 1509.63 亿元，占全省比重达 46.36%，每亿元 GDP 技术合同成交额达 461.28 万元，高于其他两大经济圈。发明专利授权数达 19 680 件，较上年增长 36.19%，每亿元 R&D 经费支出发明专利授权数达 20.53 件，较上年增加 3.74 件。

在企业创新方面，2022 年，省会经济圈规上工业企业 R&D 经费支出达 745.16 亿元，较上年增长 9.67%，占营业收入比重 1.63%，较上年提高 0.07 个百分点，高于全省平均水平 0.04 个百分点。有研发活动的规上工业企业达 6700 家，较上年增长 26.22%，有研发活动的规上工业企业占规上工业企业比重达 55.18%，较上年提高 8.38 个百分点，提高幅度高于其他两大经济圈。

在创新环境方面，2022 年，省会经济圈 R&D 经费中仪器和设备支出达 56.01 亿元，较上年增长 11.61%，每名 R&D 人员仪器和设备支出达 2.62 万元，略高于全省平均水平（2.59 万元）。高新技术企业数达 10 387 家，较上年增长 35.32%，每万家企业法人单位中高新技术企业数达 90.93 家，高于全省平均水平 7.33 家。实际使用外资金额 73.28 亿美元，较上年增长 23.12%，增速居三大圈首位，占 GDP 比重 1.51%，低于全省平均水平 0.25 个百分点。

在创新驱动方面，2022 年，省会经济圈全员劳动生产率达 17.22 万元 / 人，较上年增长 1.21 万元 / 人，高于全省平均水平 0.81 万元。现代服务业增加值较上年增长 5.97%，占 GDP 比重达 28.47%，高于其他两大经济圈。

综上所述，省会经济圈整体创新实力有所提升，尤其在研发经费支出、技术合同成交额、规上工业企业研发活跃度等方面具有明显优势，但在企业创新、创新产出效率上与胶东经济圈仍存在一定差距，还需进一步夯实创新基础，加快科技成果转化，推动新兴产业发展，打造未来发展新优势。

（2）胶东经济圈

胶东经济圈区位优势突出，担负着山东经略海洋、向海图强的重任。近年来，胶东经济圈充分发挥青岛辐射带动作用，积极构建"中心引领、轴带展开、湾区带动、多点支撑"的新发展格局，现代海洋、高端装备、高效农业等产业加速壮大，科技创新支撑高质量发展能力不断增强。

在创新投入方面，2022 年，胶东经济圈 R&D 经费支出达 926.28 亿元，较上年增长 11.67%，占 GDP 比重为 2.47%，低于全省平均水平 0.02 个百分点。基础研究经费支出达 41.03 亿元，较上年增长 29.55%，占 R&D 经费支出的比重达 4.43%，高于其他两大经济圈。胶东经济圈地方财政科技支出较上年下降 5.18%，占一般公共预算支出的比重为 2.73%，较上年下降 0.27 个百分点。在研发人力投入方面，胶东经济圈 R&D 人员全时当量 22.35 万人年，较上年增长 10.72%，每万名就业人员中研发人员数达 125.51 人年，居三大经济圈首位，高于全省平均水平 29.13 人年。

在创新产出方面，2022 年，胶东经济圈技术合同成交额达 1178.85 亿元，较上年增长 24.89%，每亿元 GDP 技术合同成交额为 314.49 万元，低于全省平均水平（371.79 万元）。发明专利授权数达 24 540 件，较上年增长 38.33%，占全省比重达 50.39%，每亿元 R&D 经费支出发明专利授权数达 26.49 件，较上年提高 5.11 件，高于其他两大经济圈。高新技术产业继续发展壮大，威海、烟台、青岛高新技术产业产值占规上工业产值比重依旧领跑全省。

在企业创新方面，2022 年，胶东经济圈规上工业企业 R&D 经费支出 719.43 亿元，较上年增长 9.89%，占营业收入比重达 1.80%，超过全省平均水平 0.21 个百分点，高于其他两大经济圈。有研发活动的规上工业企业达 6737 家，占全省比重最高，达 37.86%，但增速放缓，较上年增长 3.71%，有研发活动的规上工业企业占规上工业企业比重为 49.77%，低于全省平均水平 0.60 个百分点，企业研发活跃度有待进一步提升。

在创新环境方面，2022 年，胶东经济圈 R&D 经费中仪器和设备支出达 55.00 亿元，较上年增长 2.96%，每名 R&D 人员仪器和设备支出达 2.46 万元，低于全省平均水平 0.13 万元，科研物质条件需要进一步改善。高新技术企业数达 12 492 家，占全省比重达 46.65%，较上年增长 24.60%，每万家企业法人单位中高新技术企业数达 96.18 家，高于其他两大经济圈。实际使用外资金额达 115.78 亿美元，占全省比重超过 50%，但较上年减少 4.40%，占 GDP 比重达 2.08%，居三大经济圈首位。

在创新驱动方面，2022 年，胶东经济圈全员劳动生产率达 21.05 万元／人，高于全省平均水平 4.66 万元／人。现代服务业增加值较上年增长 4.70%，占 GDP 比重达 26.00%，较上年略有下降，应进一步聚焦高端化生产性服务业、高品质生活性服务业发展和高能级服务业平台建设，推动现代服务业全面提质扩容。

综上所述，胶东经济圈在研发人力投入、基础研究经费支出、专利产出、高企培育等方面具有相对优势，五市在发挥各自创新优势的同时，积极共建东部沿海协同创新高地，协同创新能力得到提升。但在地方财政科技支出、科研物质条件、企业开展研发活动自觉性等方面需要加大工作力度，进一步补齐短板、壮大优势。

（3）鲁南经济圈

鲁南经济圈资源禀赋突出，享有多重国家和省政策红利，加快推进鲁南经济圈一体化发展，是积极融入新发展格局，打造山东高质量发展新引擎的重大举措。近年来，鲁南经济圈以培育发展轴带和增长极点为导向，围绕构建"一轴带动、两区引领、三带协同、四廊支撑"的新发展格局，逐步提高科创产业融合水平，转型发展取得明显实效。

在创新投入方面，2022年，鲁南经济圈R&D经费支出295.41亿元，较上年增长16.13%，增速是三大经济圈最高的，增速高于全省平均水平4.01个百分点，占GDP比重为1.70%，较上年提高0.16个百分点，但低于全省平均水平0.79个百分点。基础研究经费支出6.78亿元，较上年增长21.61%，占R&D经费支出比重为2.29%，低于全省平均水平（4.11%）。鲁南经济圈地方财政科技支出是三大经济圈中唯一实现增长的区域，增速达11.95%，占地方财政科技支出比重达0.93%，较上年提高0.03个百分点，反映了各级政府对鲁南经济圈科技创新的重视程度提升。在研发人力投入方面，鲁南经济圈R&D人员全时当量7.74万人年，较上年增长13.06%，每万名就业人员中研发人员数46.71人年，低于其他两大经济圈。

在创新产出方面，2022年，鲁南经济圈技术合同成交额为567.54亿元，较上年增长31.04%，增速高于其他两大经济圈，每亿元GDP技术合同成交额达326.85万元，高于胶东经济圈。发明专利授权数4476件，较上年增长7.73%，每亿元R&D经费支出发明专利授权数15.15件，低于全省平均水平。

在企业创新方面，2022年，鲁南经济圈规上工业企业R&D经费支出264.12亿元，较上年增长14.23%，占营业收入比重为1.34%，较上年提高0.05个百分点，但低于全省平均水平。有研发活动的规上工业企业4356家，较上年增长13.35%，占规上工业企业的比重为45.19%，较上年提高2.61个百分点，但仍低于其他两大经济圈。

在创新环境方面，2022年，鲁南经济圈R&D经费中仪器和设备支出22.02亿元，较上年增长74.21%，增速高于其他两大经济圈，每名R&D人员仪器和设备支出2.85万元，高于全省平均水平0.26万元。高新技术企业数3899家，较上年增长43.82%，增速高于全省平均水平12.64个百分点，是三大经济圈最高的。每万家企业法人单位中高新技术企业数51.18家，较上年提高11.54家，低于全省平均水平。实际使用外资金额39.69亿美元，较上年增长14.91%，占GDP比重1.54%，低于全省平均水平 0.22 个百分点。

在创新驱动方面，2022 年，鲁南经济圈全员劳动生产率 10.48 万元 / 人，较上年提高 0.91 万元 / 人，低于全省平均水平 5.92 万元 / 人。现代服务业增加值较上年增长 6.70%，增速高于其他两大经济圈，占 GDP 比重为 25.21%，低于全省平均水平 1.55 个百分点。

综上所述，鲁南经济圈整体科技创新实力虽然与其他两大经济圈差距较大，但近年来在科技经费、研发人力、仪器设备等投入上均加大力度，科技创新步伐加快，乡村振兴的鲁南样板正在逐步构建（表 1–3）。

表 1–3　2022 年三大经济圈科技创新主要指标比较

指标名称	省会经济圈	胶东经济圈	鲁南经济圈
全社会 R&D 经费支出（亿元）	958.72	926.28	295.41
全社会 R&D 经费支出占 GDP 比重（%）	2.93	2.47	1.70
全社会 R&D 经费支出较上年增长率（%）	11.38	11.67	16.13
地方财政科技支出（亿元）	72.04	113.77	24.67
地方财政科技支出占一般公共预算支出的比重（%）	1.74	2.73	0.93
地方财政科技支出较上年增长率（%）	−26.99	−5.18	11.95
基础研究经费支出（亿元）	41.74	41.03	6.78
基础研究经费支出占 R&D 经费支出的比重（%）	4.35	4.43	2.29
基础研究经费支出较上年增长率（%）	14.33	29.55	21.61
R&D 人员全时当量（万人年）	21.36	22.35	7.74
每万名就业人员中研发人员数（人年）	112.40	125.51	46.71
R&D 人员全时当量较上年增长率（%）	20.45	10.72	13.06
技术合同成交额（亿元）	1509.63	1178.85	567.54
每亿元 GDP 技术合同成交额（万元）	461.28	314.49	326.85
技术合同成交额较上年增长率（%）	27.08	24.89	31.04
发明专利授权数（件）	19 680	24 540	4476
每亿元 R&D 经费支出发明专利授权数（件）	20.53	26.49	15.15
发明专利授权数较上年增长率（%）	36.19	38.33	7.73
规上工业企业 R&D 经费支出（亿元）	745.16	719.43	264.12
规上工业企业 R&D 经费支出占营业收入的比重（%）	1.63	1.80	1.34
规上工业企业 R&D 经费支出较上年增长率（%）	9.67	9.89	14.23

续表

指标名称	省会经济圈	胶东经济圈	鲁南经济圈
有研发活动规上工业企业数（家）	6700	6737	4356
有研发活动规上工业企业占规上工业企业的比重(%)	55.18	49.77	45.19
有研发活动规上工业企业数较上年增长率（%）	26.22	3.71	13.35
R&D 经费中仪器和设备支出（亿元）	56.01	55.00	22.02
每名 R&D 人员仪器和设备支出（万元）	2.62	2.46	2.85
R&D 经费中仪器和设备支出较上年增长率（%）	11.61	2.96	74.21
高新技术企业数（家）	10 387	12 492	3899
每万家企业法人单位中高新技术企业数（家）	90.93	96.18	51.18
高新技术企业数较上年增长率（%）	35.32	24.60	43.82
享受研发费用加计扣除减免税政策的规上工业企业数（家）	2968	3274	1696
享受研发费用加计扣除减免税政策的规上工业企业占规上工业企业的比重（%）	24.44	24.19	17.60
享受研发费用加计扣除减免税政策的规上工业企业数较上年增长率（%）	21.24	23.87	21.58
全员劳动生产率（万元 / 人）	17.22	21.05	10.48
现代服务业增加值（亿元）	9317.80	9747.20	4377.30
现代服务业增加值占地区生产总值(GDP)的比重(%)	28.47	26.00	25.21
现代服务业增加值较上年增长率（%）	5.97	4.70	6.70

2. 沿黄九市科技创新成效逐渐显现

近年来，山东努力"在推动黄河流域生态保护和高质量发展上走在前"，在落实黄河国家战略中"打头阵""当先锋"，展现山东担当，沿黄九市科技创新成效逐渐显现，部分指标呈较快增长态势。2022 年，沿黄九市间科技创新水平差异系数由上年的 31.36% 下降至 29.21%，协同发展持续推进。

在创新投入方面，2022 年，沿黄九市全社会 R&D 经费支出达 1089.74 亿元，较上年增长 12.14%，高于全省平均水平 0.12 个百分点，占 GDP 比重达 2.58%，较上年提高 0.15 个百分点，高于全省平均水平。基础研究经费 45.57 亿元，较上年增长 14.94%，低于全省平均水平 6.47 个百分点，占 R&D 经费支出的比重达 4.18%，高于全省平均水平 0.07 个百分点。R&D 人员全时当量达 25.22 万人年，较上年增长 17.70%，增速高于全省平均水平 2.77 个百分点，每万名就业人员中研发人员数

90.94 人年，低于全省平均水平 5.44 人年。

在创新产出方面，2022 年，沿黄九市技术合同成交额达 1790.57 亿元，较上年增长 26.82%，增速低于全省平均水平 0.13 个百分点，每亿元 GDP 技术合同成交额 423.52 万元，高于全省平均水平 51.73 万元。发明专利授权数达 21 922 件，较上年增长 34.60%，增速高于全省平均水平 0.62 个百分点，每亿元 R&D 经费发明专利授权数 20.12 件，低于全省平均水平 2.22 件。

在企业创新方面，2022 年，沿黄九市规上工业企业 R&D 经费支出 860.33 亿元，较上年增长 10.50%，增速高于全省平均水平 0.06 个百分点，占营业收入的比重 1.52%，低于全省平均水平 0.07 个百分点。有研发活动的规上工业企业达 8831 家，较上年增长 20.87%，增速高于全省平均水平 7.16 个百分点，占规上工业企业的比重达 52.49%，高于全省平均水平 2.12 个百分点。规上工业企业新产品销售收入达 19 928.66 亿元，较上年增长 44.53%，增速高于全省平均水平 7.10 个百分点，占营业收入的比重为 35.13%，高于全省平均水平 0.42 个百分点。

在创新环境方面，2022 年，沿黄九市 R&D 经费中仪器和设备支出 68.37 亿元，较上年增长 21.60%，增速高于全省平均水平 7.16 个百分点，每名 R&D 人员仪器和设备支出 2.71 万元，略高于全省平均水平（2.59 万元）。高新技术企业数达 12 226 家，较上年增长 36.83%，增速高于全省平均水平 5.65 个百分点，每万家企业法人单位中高新技术企业数 80.75 家，比全省平均水平少 2.85 家。实际使用外资金额达 92.36 亿美元，较上年增长 21.88%，是全省平均增速的 3.47 倍，占 GDP 比重达 1.47%，低于全省平均水平 0.29 个百分点。

在创新驱动方面，2022 年，沿黄九市全员劳动生产率达 15.24 万元 / 人，低于全省平均水平 1.16 万元 / 人。科学研究和技术服务业增加值增速达 13.82%，高于全省平均水平 2.93 个百分点，占 GDP 比重达 2.17%，高于全省平均水平 0.07 个百分点（表 1-4）。

表 1-4　2022 年山东沿黄九市科技创新主要指标

指标名称	指标值
全社会 R&D 经费支出（亿元）	1089.74
全社会 R&D 经费支出同比增速（%）	12.14
全社会 R&D 经费支出占 GDP 比重（%）	2.58

续表

指标名称	指标值
基础研究经费支出（亿元）	45.57
基础研究经费支出同比增速（%）	14.94
基础研究经费支出占 R&D 经费支出的比重（%）	4.18
研发人员全时当量（万人年）	25.22
研发人员全时当量同比增速（%）	17.7
每万名就业人员中研发人员数（人年）	90.94
R&D 人员中研究人员占比（%）	35.23
技术合同成交额（亿元）	1790.57
技术合同成交额同比增速（%）	26.82
每亿元 GDP 技术合同成交额（万元）	423.52
发明专利授权数（件）	21 922
发明专利授权数同比增速（%）	34.60
每亿元 R&D 经费支出发明专利授权数（件）	20.12
规上工业企业 R&D 经费支出（亿元）	860.33
规上工业企业 R&D 经费支出同比增速（%）	10.50
规上工业企业 R&D 经费支出占营业收入的比重（%）	1.52
有研发活动的规上工业企业数（家）	8831
有研发活动的规上工业企业数同比增速（%）	20.87
有研发活动的规上工业企业占规上工业企业比重（%）	52.49
规上工业企业新产品销售收入（亿元）	19 928.66
规上工业企业新产品销售收入同比增速（%）	44.53
规上工业企业新产品销售收入占营业收入比重（%）	35.13
R&D 经费中仪器和设备支出（亿元）	68.37
R&D 经费中仪器和设备支出同比增速（%）	21.60
每名 R&D 人员仪器和设备支出（万元）	2.71
高新技术企业数（家）	12 226
高新技术企业数同比增速（%）	36.83
每万家企业法人单位中高新技术企业数（家）	80.75

指标名称	指标值
实际使用外资金额（亿美元）	92.36
实际使用外资金额同比增速（%）	21.88
实际使用外资金额占 GDP 比重（%）	1.47
全员劳动生产率（万元 / 人）	15.24
科学研究和技术服务业增加值增速（%）	13.82
科学研究和技术服务业增加值占 GDP 比重（%）	2.17

三、区域科技创新总体特征

（一）济南、青岛"双子星"齐头并进

2022 年，济南、青岛综合科技创新水平指数均超过 100%，继续领跑全省。从各一级指标来看，青岛创新产出指数、企业创新指数、创新环境指数均居全省首位，济南创新投入指数和创新驱动指数居全省首位，两市引领示范作用充分凸显。

（二）区域协调发展迈出新步伐

通过评价显示，山东省 16 市总体科技创新呈现向上发展态势。16 市间综合科技创新水平差异系数较上年降低 1.74 个百分点，省会经济圈、胶东经济圈、鲁南经济圈三大圈内各市间差异系数均有缩小，协同创新取得积极成效。

（三）企业创新能力提升带动一系列关键核心技术突破

2022 年，全省企业 R&D 经费支出 1943.18 亿元，同比增长 11.30%；有研发活动的规上工业企业占规上工业企业比重首次超过 50%，居全国第 3 位；高新技术企业新增 6000 余家，新增数量创历史新高，总量突破 2.6 万家，企业创新展现蓬勃生机。一批关键核心技术取得重大突破，3 个 Ⅰ 类新药成功获批上市；"济南一号""泉城一号"成功发射；首台国产化 30 兆瓦燃气发生器成功试车；全球首艘 10 万吨级智慧渔业大型养殖工船"国信 1 号"交付使用；世界上首个"电磁橇"设施成功运行；240 马力 CVT 智能拖拉机、高性能氧化铝陶瓷纤维等一批新产品实现量产，打

破国外技术垄断。

（四）沿黄九市科技创新势头强劲

近年来，山东省全面深化沿黄九市战略协同，一体化发展持续推进，科技创新为黄河流域生态保护和高质量发展注入强劲动能。沿黄九市研发投入快速增长，人才集聚进一步提升，创新产出成效显著，企业研发创新活跃度和创新能力持续增强，多项指标均高于全省平均水平。

第二部分　区域科技创新各级指标评价

一、区域科技创新一级指标评价

（一）创新投入评价

2022 年，山东省 16 市创新投入指数从高到低依次是济南、青岛、烟台、东营、淄博、潍坊、滨州、威海、德州、济宁、泰安、日照、聊城、临沂、枣庄和菏泽，其中济南、青岛、烟台 3 市高于全省平均水平（62.65%）（图 2-1）。与上年相比，烟台、济南、东营、青岛、枣庄、德州创新投入指数提高幅度较大，均超过 5 个百分点（图 2-2）。

相较于上年，东营创新投入指数排名上升最多，由上年的第 7 位上升至第 4 位，主要原因是东营研发人员全时当量增长较快，每万名就业人员中研发人员数提高幅度居全省首位，排名由上年的第 5 位上升至第 3 位；地方财政科技支出占一般公共预算支出的比重排名较上年上升 1 位。其次是德州，创新投入指数排名较上年上升 2 位，德州地方财政科技支出占一般公共预算支出的比重提高幅度较大，排名由上年的第 8 位上升至第 4 位；每万名就业人员中研发人员数排名较上年上升 2 位。威海创新投入指数排名上升 1 位，其全社会 R&D 经费支出占 GDP 比重及每万名就业人员中研发人员数排名均上升 1 位。

创新投入指数排名下降最多的市是滨州，较上年下降了 3 位，主要原因是地方财政科技支出占一般公共预算支出的比重下降幅度较大，较上年下降 3.36 个百分点，排名由上年的第 1 位下降至第 6 位。济宁创新投入指数排名较上年下降 2 位，其基础研究经费支出占 R&D 经费支出的比重、每万名就业人员中研发人员数排名均较上年有所下降。泰安创新投入指数排名较上年下降 1 位。

济南、青岛、淄博、枣庄、烟台、潍坊、日照、临沂、聊城和菏泽创新投入指数排名无变动。

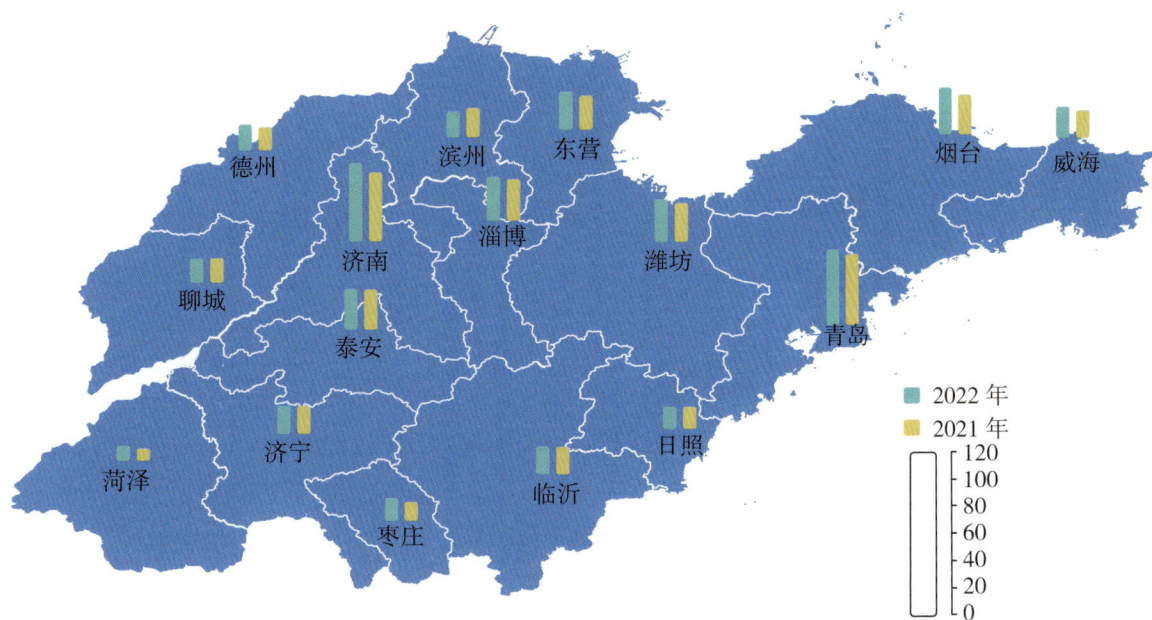

图 2-1　区域创新投入指数

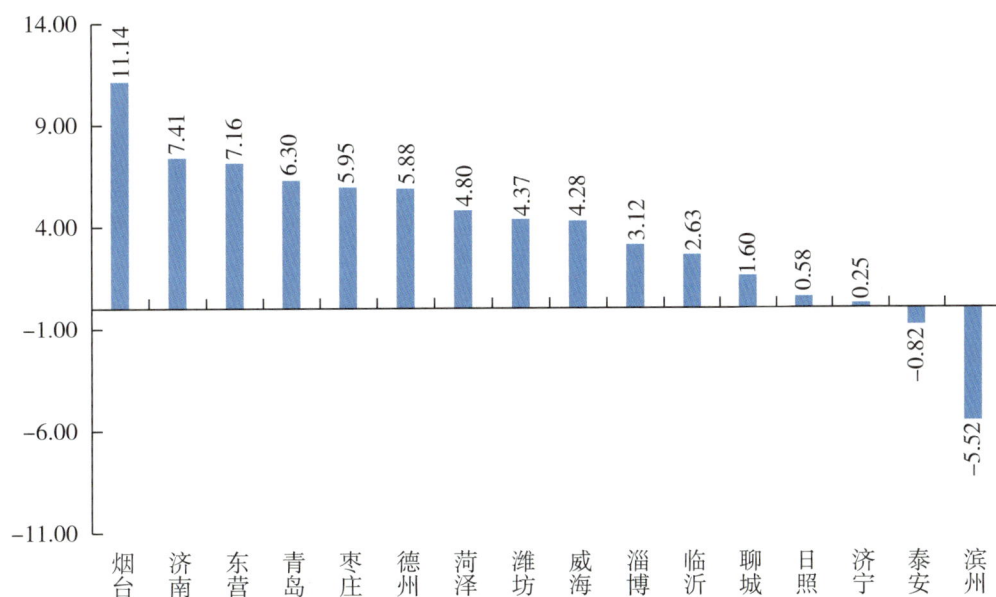

图 2-2　当年区域创新投入指数较上年提高百分点

（二）创新产出评价

2022 年，16 市创新产出指数从高到低依次是青岛、济南、烟台、淄博、威海、潍坊、泰安、济宁、枣庄、聊城、东营、滨州、日照、临沂、德州和菏泽（图 2-3），其中青岛、济南高于全省平均水平（73.20%）。与上年相比，全省 16 个市创新产出指数均实现提升（图 2-4）。

相较于上年，创新产出指数排名上升最多的是日照，上升了 3 位，主要原因是其高新技术产业产值占规上工业产值比重提高幅度较大，居全省首位；每亿元 R&D 经费支出发明专利授权数排名较上年上升 1 位。其次是威海，创新产出指数排名较上年上升 2 位，主要原因是每亿元 GDP 技术合同成交额、每亿元 R&D 经费支出发明专利授权数提高幅度较大，均居全省前列。烟台、济宁创新产出指数排名均上升 1 位。

创新产出指数排名较上年下降最多的市是泰安，由上年的第 5 位下降至第 7 位，主要原因是其每万人高价值发明专利拥有量、万名研究人员科技论文数排名均有下降，其中，每万人高价值发明专利拥有量排名较上年下降 3 位。淄博、枣庄、临沂、德州、菏泽创新产出指数排名均下降 1 位。

济南、青岛、东营、潍坊、聊城、滨州创新产出指数排名无变动。

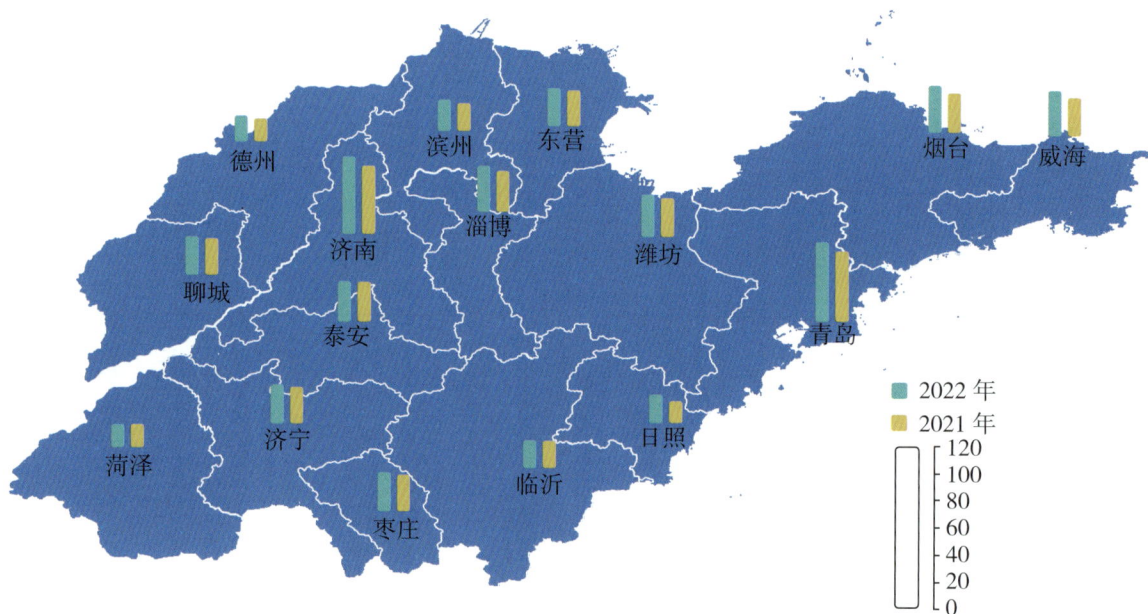

图 2-3　区域创新产出指数

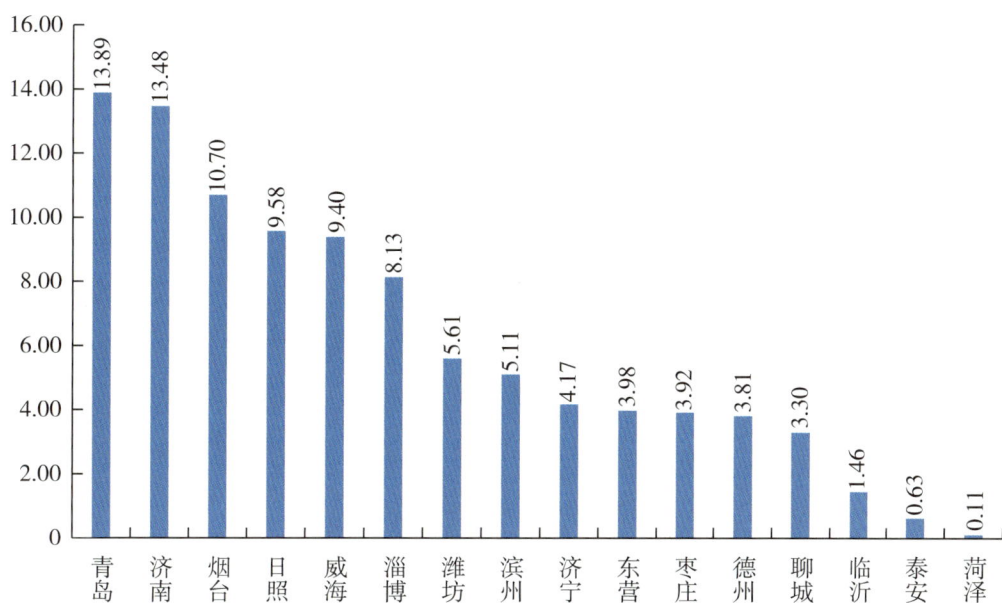

图 2-4　当年区域创新产出指数较上年提高百分点

（三）企业创新评价

2022 年，16 市企业创新指数从高到低依次是青岛、济南、威海、德州、淄博、烟台、潍坊、临沂、滨州、泰安、聊城、济宁、东营、日照、枣庄和菏泽（图 2-5），其中青岛、济南、威海、德州、淄博、烟台、潍坊、临沂、滨州等 9 个市企业创新指数高于全省平均水平（78.03%）。与上年相比，除济宁企业创新指数略有下降外，其余 15 个市均实现增长，其中，东营、菏泽、德州 3 个市企业创新指数提高幅度超过 15 个百分点（图 2-6）。

相较于上年，德州企业创新指数排名上升最多，由上年的第 7 位上升至第 4 位，主要原因是其规上工业企业 R&D 人员占规上工业企业从业人员比重、有研发活动的规上工业企业占规上工业企业比重、规上工业企业新产品销售收入占营业收入比重排名均较上年有 2 位以上的提升。其次是东营和临沂，企业创新指数排名均上升 2 位，其中，东营规上工业企业 R&D 人员占规上工业企业从业人员比重、有研发活动的规上工业企业占规上工业企业比重、规上工业企业新产品销售收入占营业收入比重排名均较上年有所上升，且有研发活动的规上工业企业占规上工业企业比重提高幅度全省最高。临沂规上工业企业 R&D 经费支出占营业收入比重、规上工业企业 R&D 人员占规上工业企业从业人员比重、有研发活动的规上工业企业占规上工业企业比重排名均较上年有所上升。泰安、威海、聊城企业创新指数排名均上升1位。

企业创新指数排名下降最多的市是潍坊，由上年的第 3 位下降至第 7 位，其规上工业企业 R&D 人员占规上工业企业从业人员比重、有研发活动的规上工业企业占规上工业企业比重、规上工业企业新产品销售收入占营业收入比重等指标排名下降幅度较大，分别较上年下降 4 位、5 位、3 位。其次是济宁，企业创新指数排名较上年下降 3 位，主要原因是规上工业企业 R&D 人员占规上工业企业从业人员比重、有研发活动的规上工业企业占规上工业企业比重下降幅度较大，均为全省最高。枣庄、日照、滨州企业创新指数排名均下降 1 位。

济南、青岛、淄博、烟台、菏泽企业创新指数排名无变动。

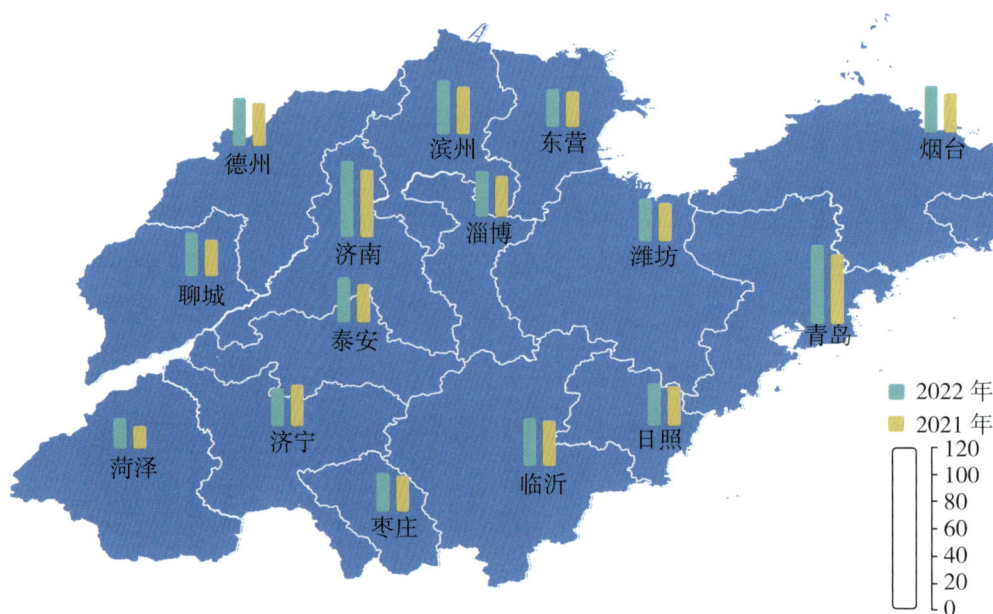

图 2-5　区域企业创新指数

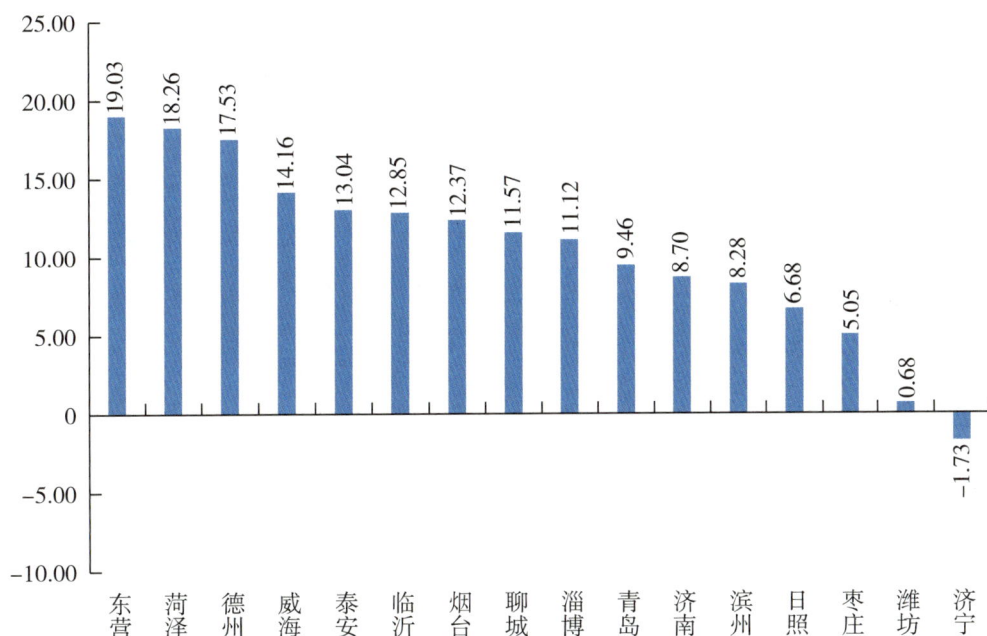

图 2-6　当年区域企业创新指数较上年提高百分点

（四）创新环境评价

2022 年，16 市创新环境指数从高到低依次是青岛、济南、淄博、烟台、威海、济宁、东营、泰安、枣庄、潍坊、临沂、聊城、日照、滨州、德州和菏泽（图 2-7），其中青岛、济南、淄博、烟台、威海等 5 个市创新环境指数高于全省平均水平（71.44%）。与上年相比，济宁、日照、德州创新环境指数提高幅度在 10 个百分点以上（图 2-8）。

相较于上年，创新环境指数排名上升最多的是济宁，上升了 4 位，主要原因是其每名 R&D 人员仪器和设备支出、高新技术企业数、实际使用外资金额占 GDP 比重排名均较上年有所增长，其中，每名 R&D 人员仪器和设备支出提高幅度全省最高。其次是淄博、潍坊和日照，创新环境指数排名均上升 1 位。

创新环境指数排名下降最多的市是临沂，下降了 2 位，主要原因是科学研究和技术服务业平均工资比较系数和实际使用外资金额占 GDP 比重排名下降较多，较上年分别下降 5 位和 4 位。枣庄、东营、烟台、泰安和滨州创新环境指数排名均下降 1 位。

济南、青岛、威海、德州、聊城、菏泽创新环境指数排名无变动。

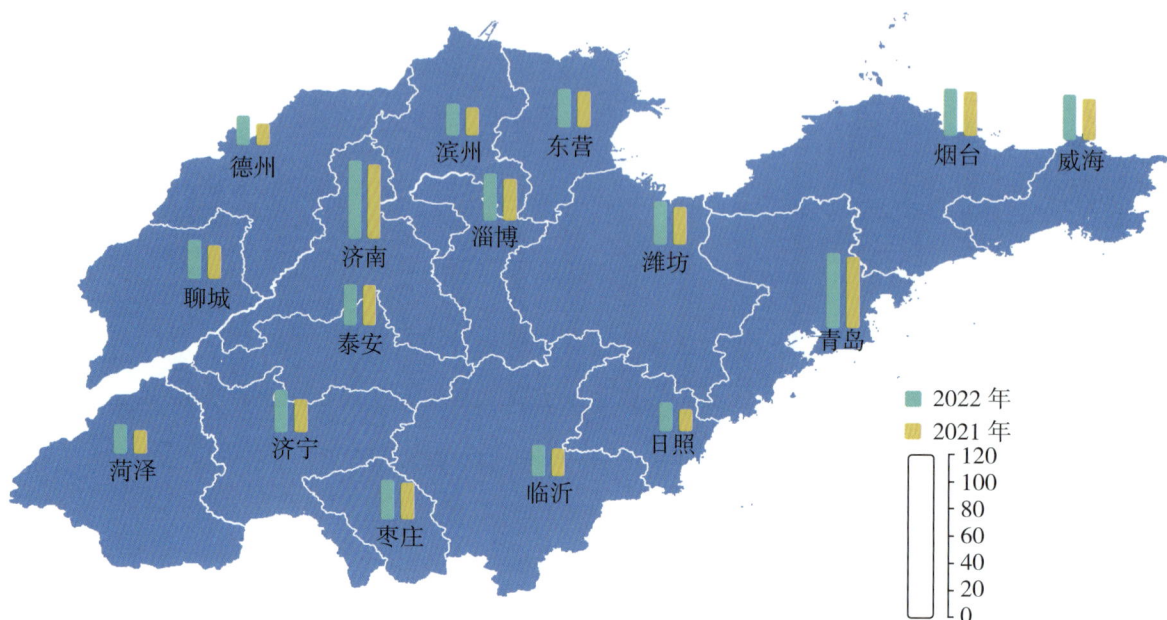

图 2-7　区域创新环境指数

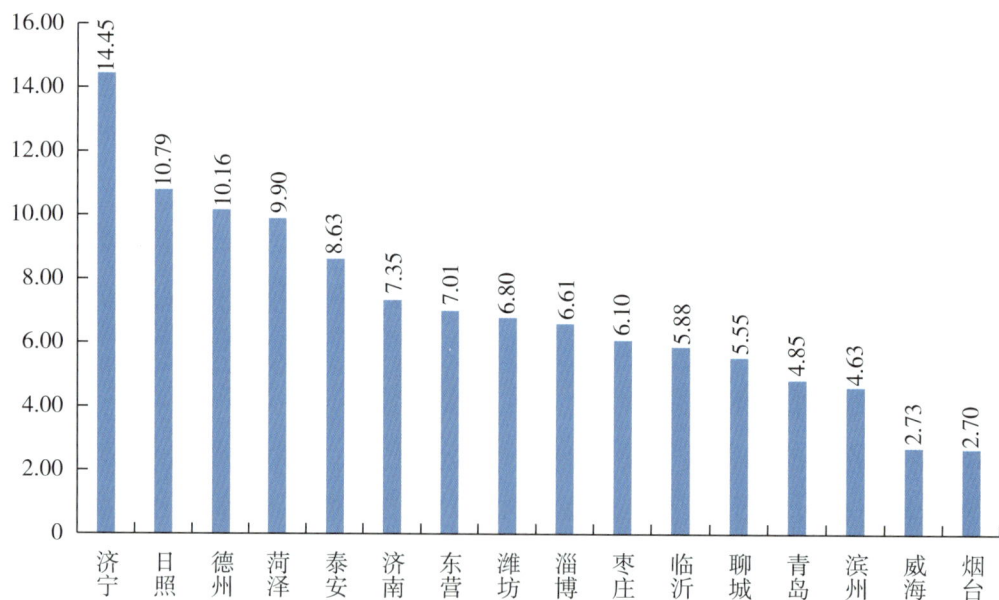

图 2-8　当年区域创新环境指数较上年提高百分点

（五）创新驱动评价

2022 年，16 市创新驱动指数从高到低依次是济南、青岛、烟台、威海、东营、淄博、潍坊、德州、泰安、滨州、济宁、菏泽、枣庄、聊城、临沂和日照（图2-9），其中济南、青岛、烟台创新驱动指数高于全省平均水平（70.52%）。与上年相比，16个市创新驱动指数均实现增长。济南、德州、东营、青岛提高幅度超过5个百分点（图2-10）。

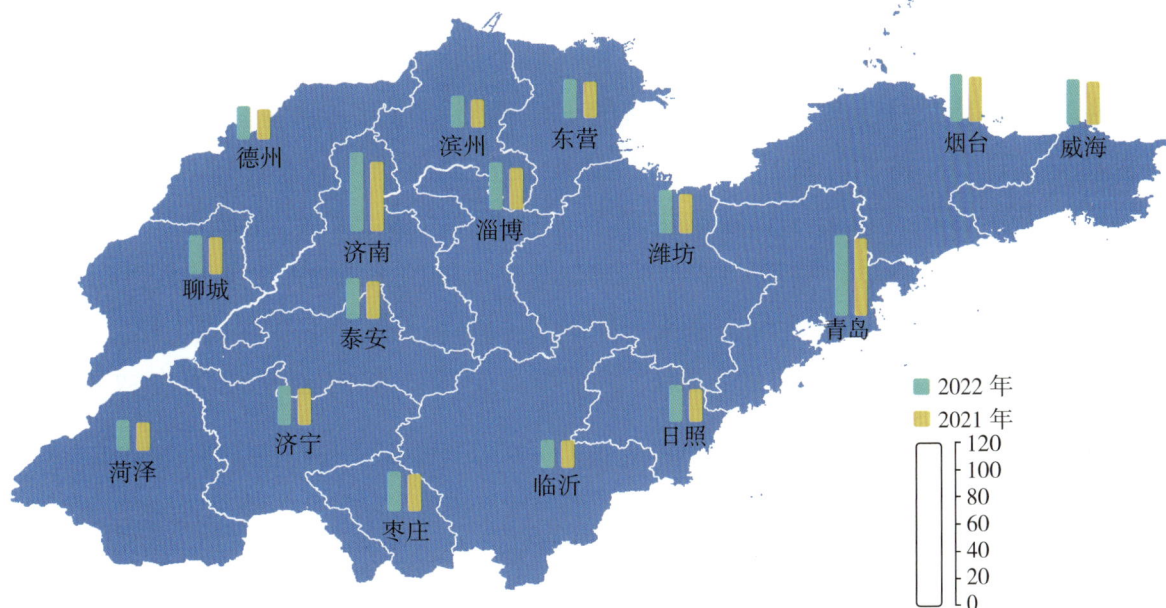

图 2-9　区域创新驱动指数

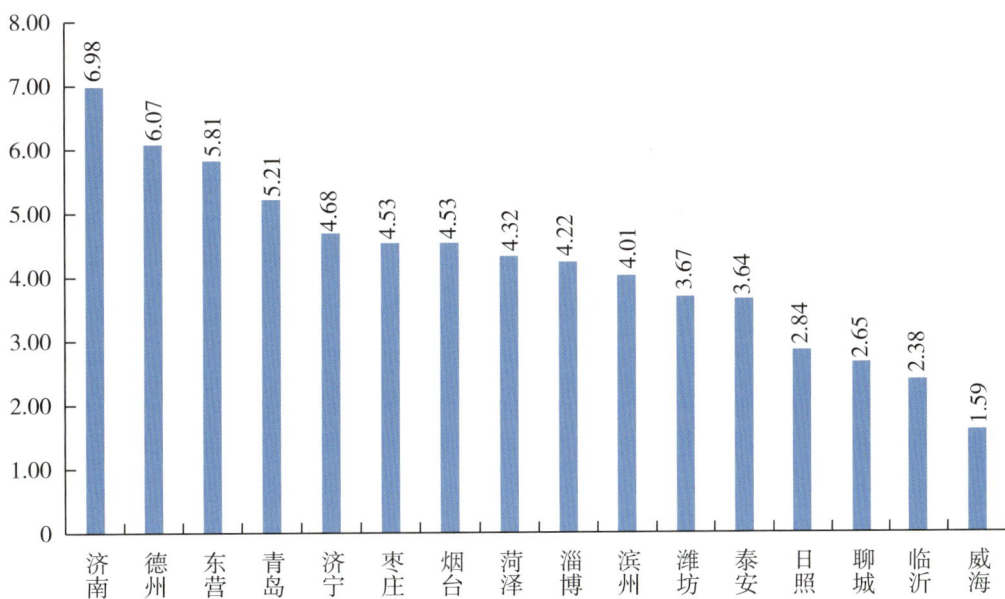

图 2-10　当年区域创新驱动指数较上年提高百分点

相较于上年，枣庄、菏泽创新驱动指数排名上升最多，均上升3位。其中，枣庄数字经济核心产业增加值占GDP比重、"四新"经济增加值占GDP比重提升幅度较大，菏泽科学研究和技术服务业增加值占GDP比重、数字经济核心产业增加值占GDP比重排名均有上升。德州创新驱动指数排名较上年上升2位，主要原因是其科学研究和技术服务业增加值占GDP比重、数字经济核心产业增加值占GDP比重及"四新"经济增加值占GDP比重提高幅度均居全省前列。

创新驱动指数排名较上年下降最多的市是日照、临沂、聊城，均较上年下降2位。其中，日照"四新"经济增加值占GDP比重提高幅度较小，排名由上年的第9位下降至第11位；临沂全员劳动生产率、数字经济核心产业增加值占GDP比重提高幅度排名相对落后；聊城数字经济核心产业增加值占GDP比重排名下降较多，由上年的第8位下降至第13位。泰安、滨州创新驱动指数排名均下降1位。

济南、青岛、淄博、东营、烟台、潍坊、济宁、威海创新驱动指数排名无变动。

二、区域科技创新二级指标评价

（一）全社会 R&D 经费支出

2022年，全省全社会R&D经费支出总额达2180.41亿元，同比增长12.12%。从各市来看，青岛、济南全社会R&D经费支出总额遥遥领先，分别达400.18亿元、346.84亿元，烟台、潍坊分列第3位、第4位，高于16市平均值（136.28亿元）。与上年相比，16市全社会R&D经费支出均实现增长，菏泽、泰安、临沂、济宁、烟台、枣庄、东营、济南、青岛、潍坊等10个市增速高于全省平均，其中，菏泽增速超过20%，实现重大突破（图2-11至图2-13）。

（亿元）

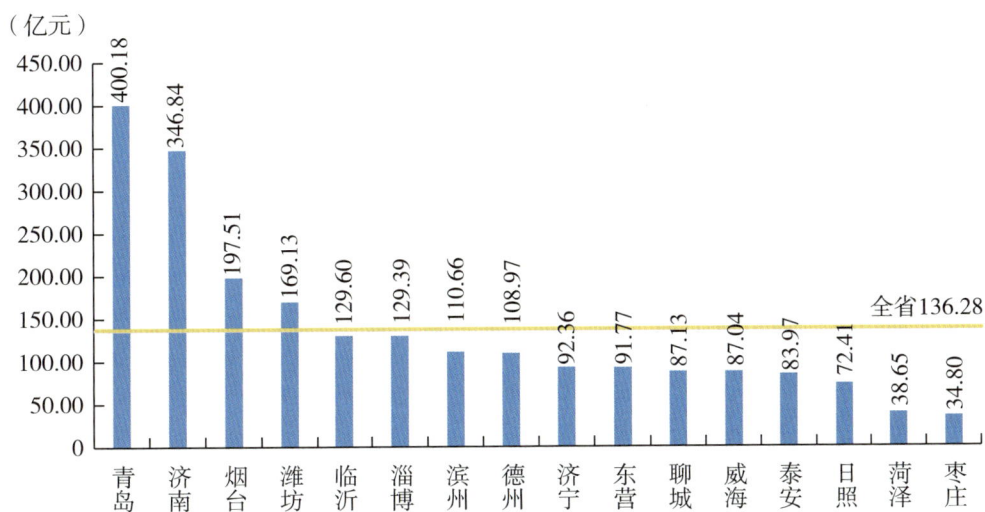

图 2-11　当年指标值

（亿元）

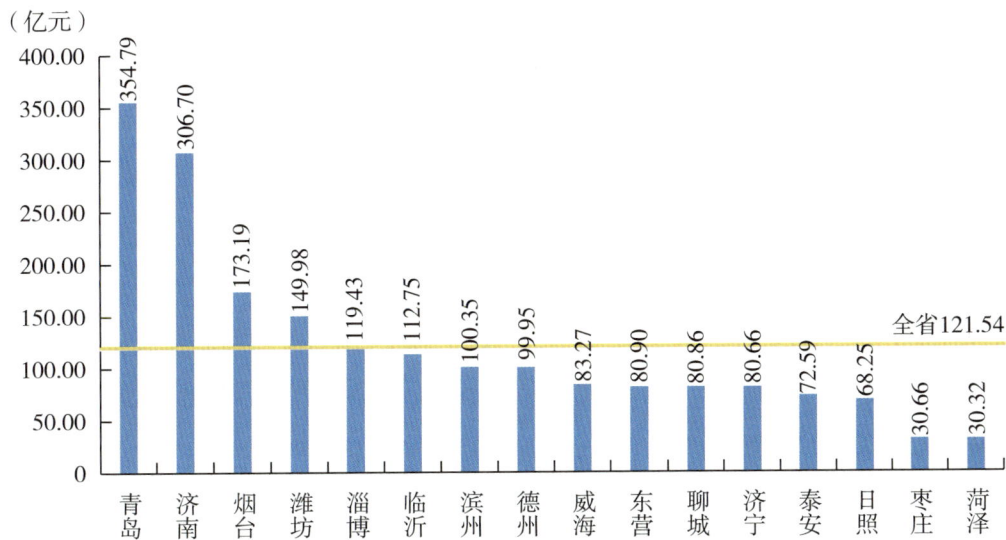

图 2-12　上年指标值

（％）

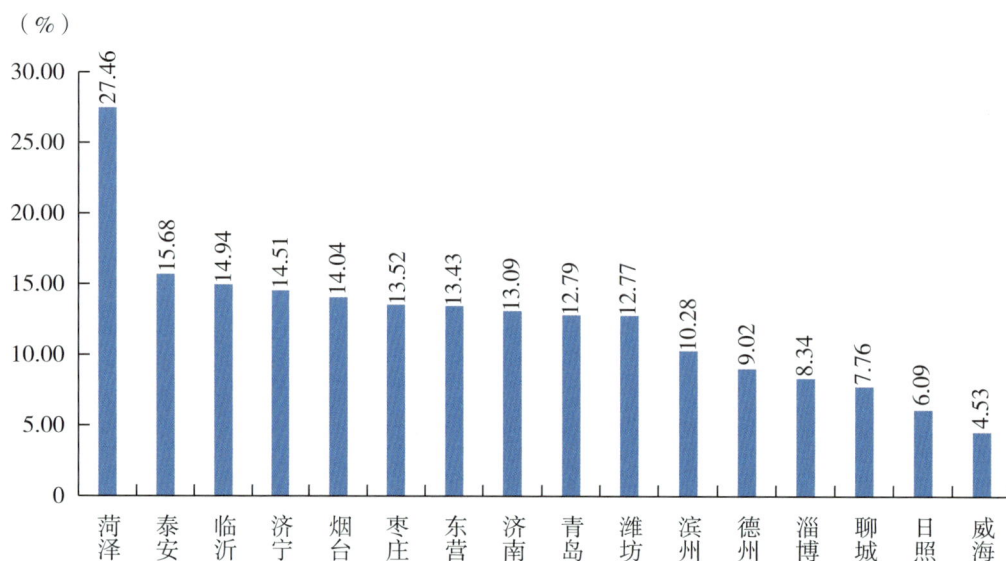

图 2-13　当年指标值较上年指标值增长率

（二）全社会 R&D 经费支出占地区生产总值（GDP）比重

2022 年，全省全社会 R&D 经费支出占地区生产总值比重达 2.49%，较上年提高 0.14 个百分点。从各市来看，滨州、日照、聊城、德州、淄博、济南、青岛、泰安、威海、东营等 10 个市该指标值高于全省平均水平，其中，滨州、日照、聊城、德州该指标均在 3% 以上。与上年相比，16 个市该指标均实现增长，其中，泰安、临沂、济南、滨州、潍坊、青岛、菏泽等 7 个市该指标值提高幅度超过全省平均水平（图 2-14 至图 2-16）。

（%）

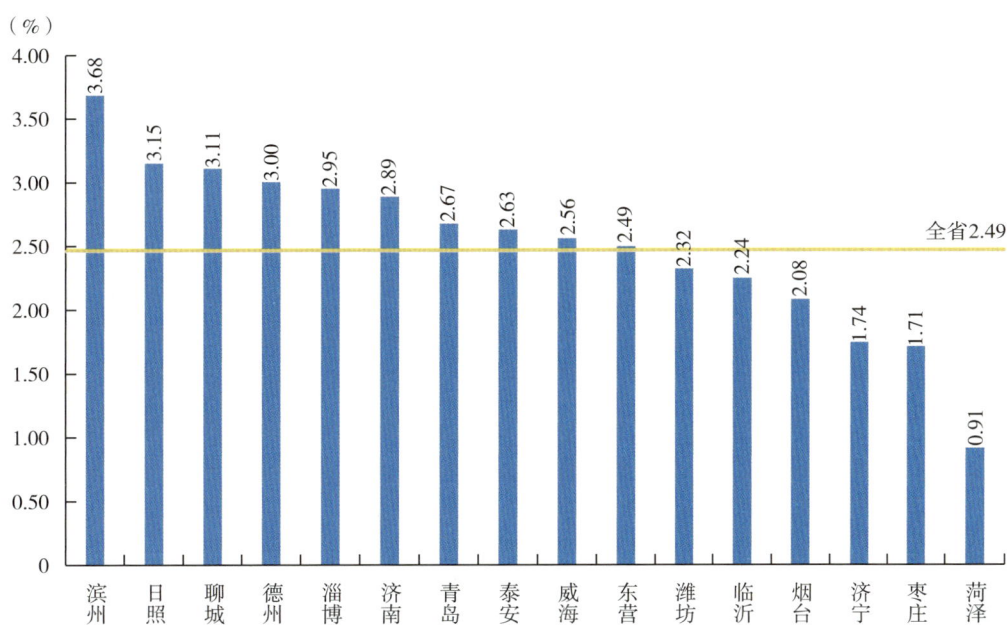

图 2-14　当年指标值

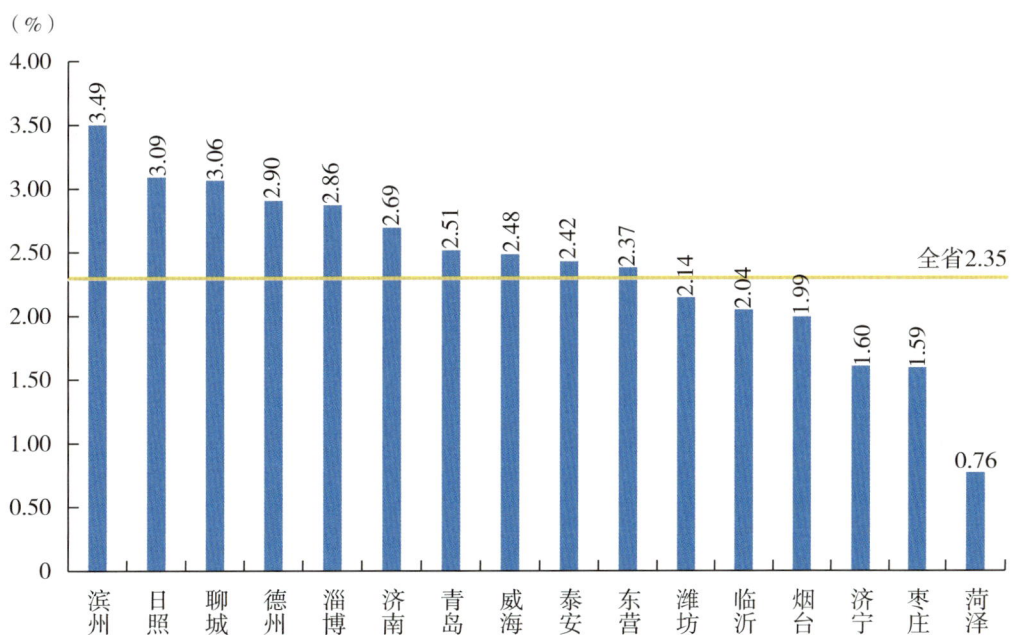

（%）

图 2-15　上年指标值

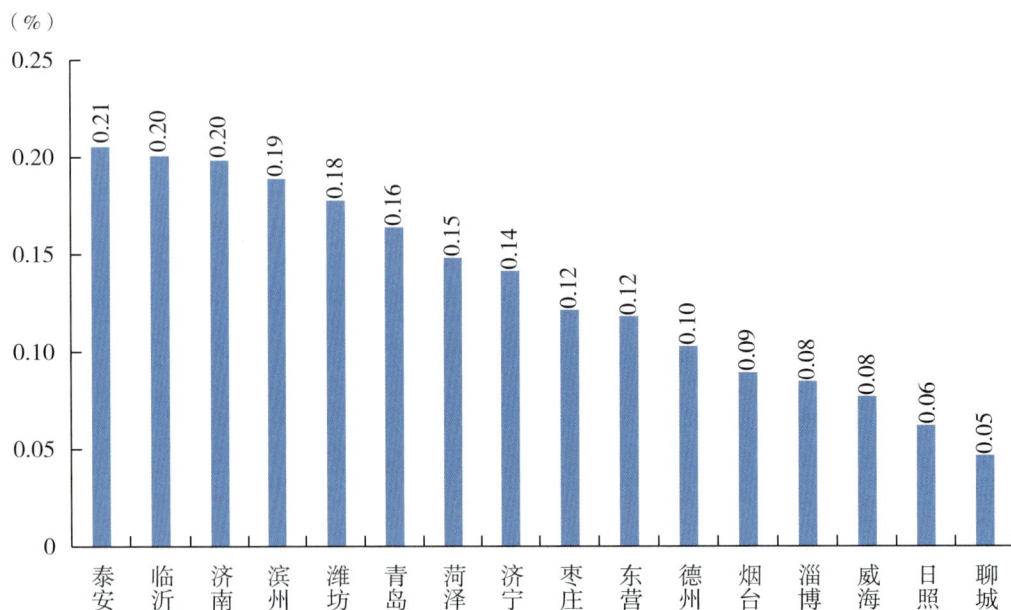

图 2-16 当年指标值与上年指标值之差

（三）地方财政科技支出占一般公共预算支出的比重

2022 年，全省地方财政科技支出占一般公共预算支出的比重为 2.58%，较上年下降 0.60 个百分点。从各市来看，烟台、青岛、日照、德州 4 个市该指标值高于全省平均水平。与上年相比，德州、泰安、菏泽、枣庄等 4 个市该指标实现增长，其余 14 个市均出现下降（图 2-17 至图 2-19）。

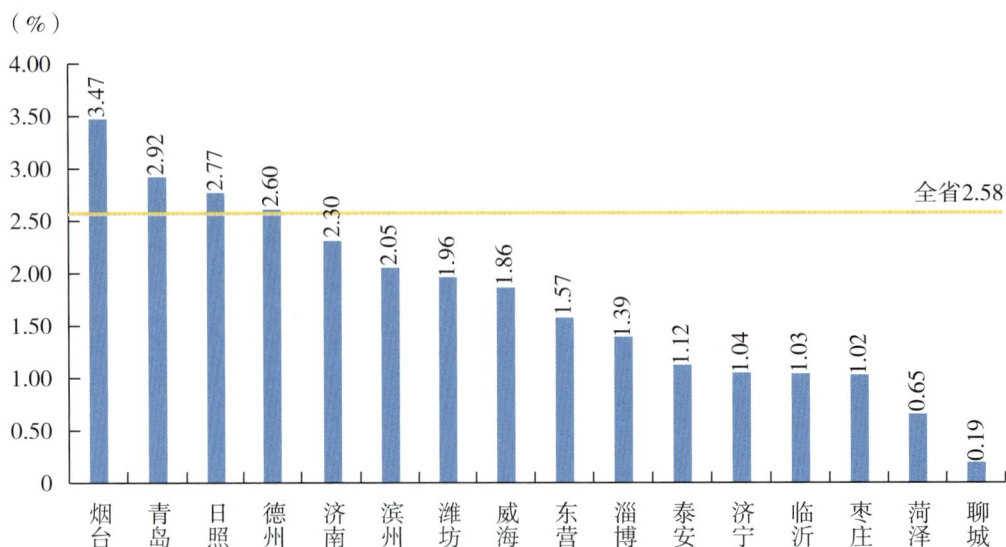

图 2-17 当年指标值

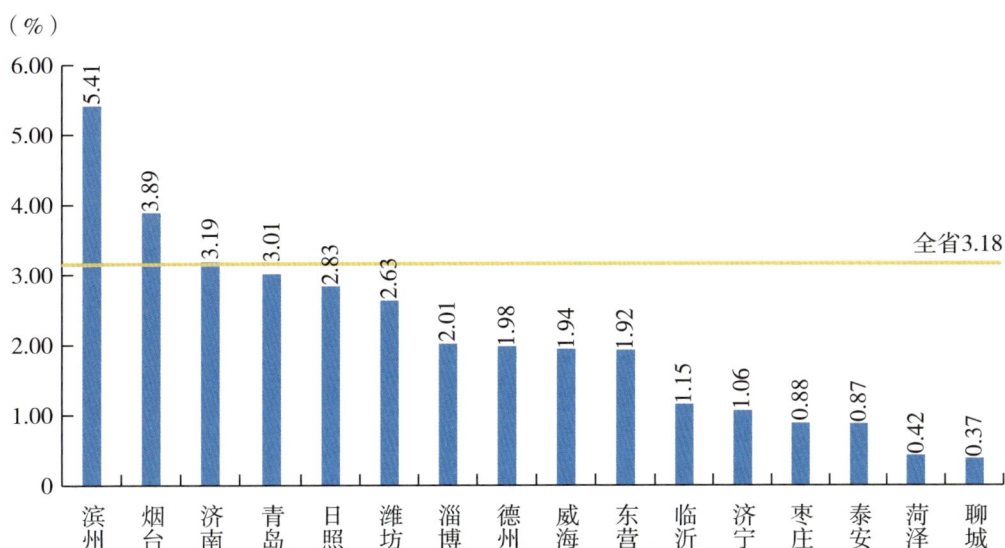

图 2-18   上年指标值

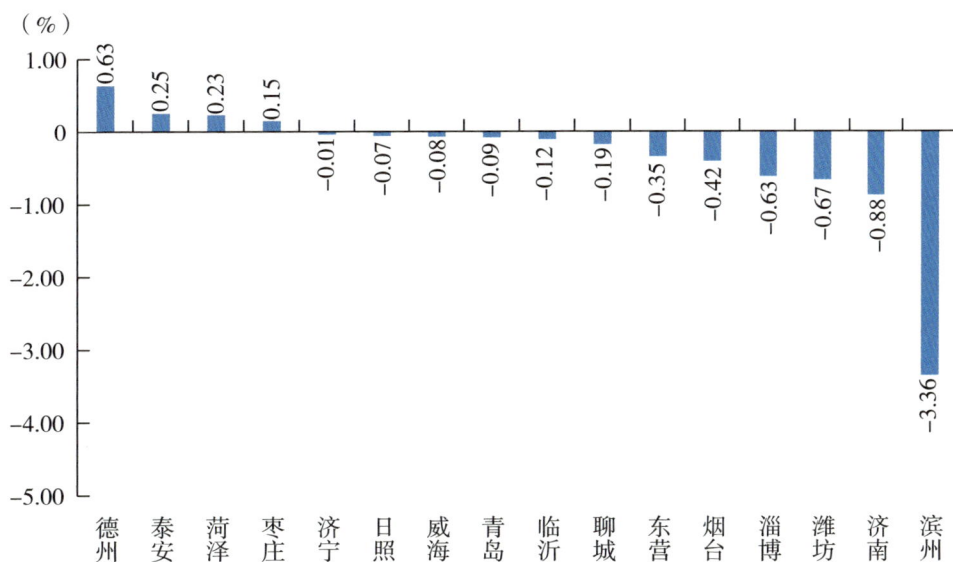

图 2-19   当年指标值与上年指标值之差

（四）基础研究经费支出占 R&D 经费支出的比重

2022 年，全省基础研究经费支出占 R&D 经费支出的比重达 4.11%，较上年提高 0.31 个百分点。从各市来看，济南、青岛、烟台高于全省平均水平，该指标值均超过 5%。与上年相比，烟台、枣庄、潍坊、淄博、威海、东营、德州等 7 个市提高幅度高于全省平均水平，其中，烟台、枣庄、潍坊 3 个市提高幅度超过 1 个百分点（图 2-20 至图 2-22）。

（％）

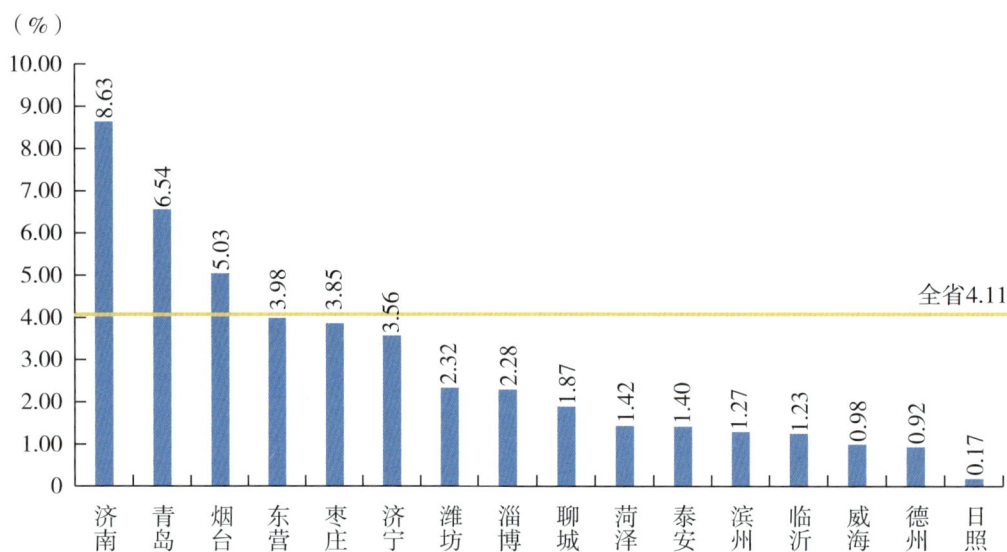

图 2-20 当年指标值

（％）

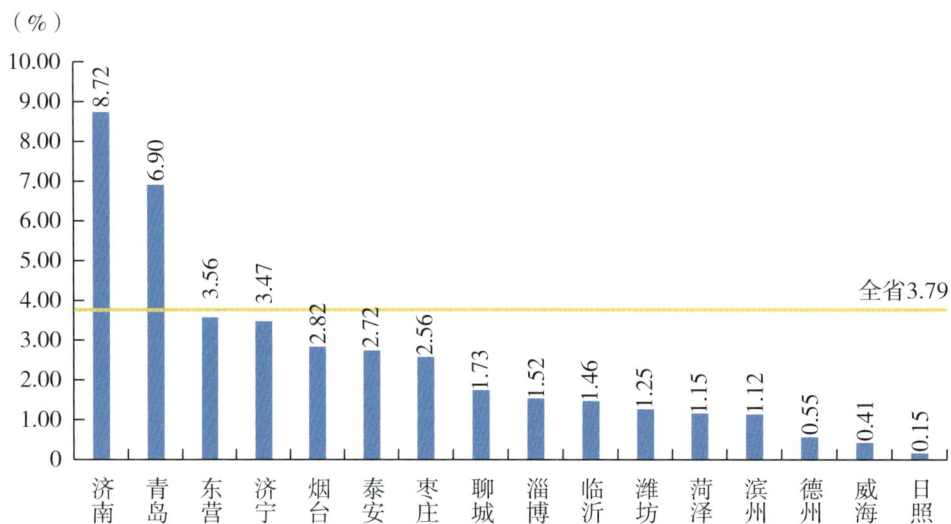

图 2-21 上年指标值

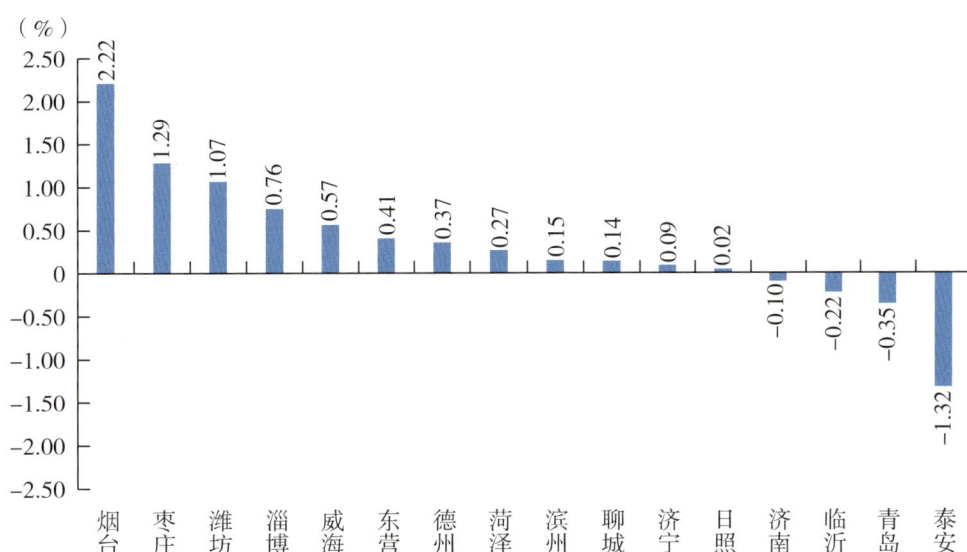

图 2-22　当年指标值与上年指标值之差

（五）R&D 人员全时当量

2022 年，全省 R&D 人员全时当量达 51.45 万人年，较上年增长 14.93%。从各市来看，青岛、济南遥遥领先，R&D 人员全时当量超过 8 万人年。与上年相比，除济宁 R&D 人员全时当量较上年有所下降外，其余市均实现增长，菏泽、东营、济南、临沂、德州、聊城 6 个市 R&D 人员全时当量增速高于全省平均水平（图 2-23 至图 2-25）。

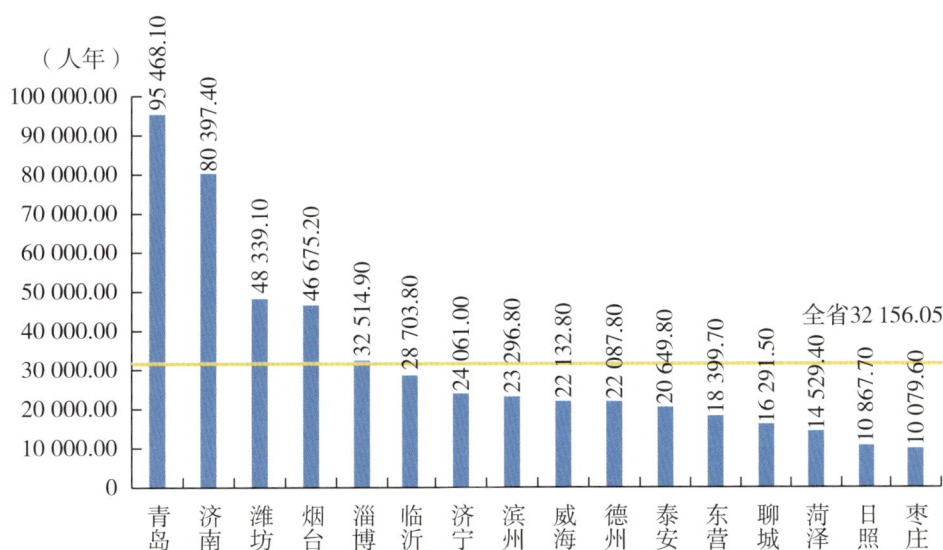

图 2-23　当年指标值

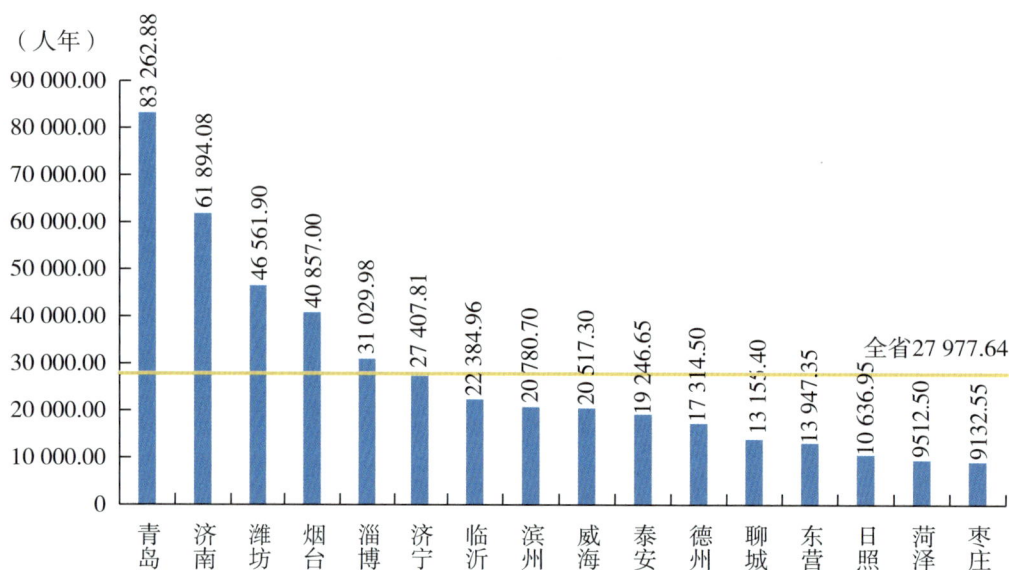

图 2-24　上年指标值

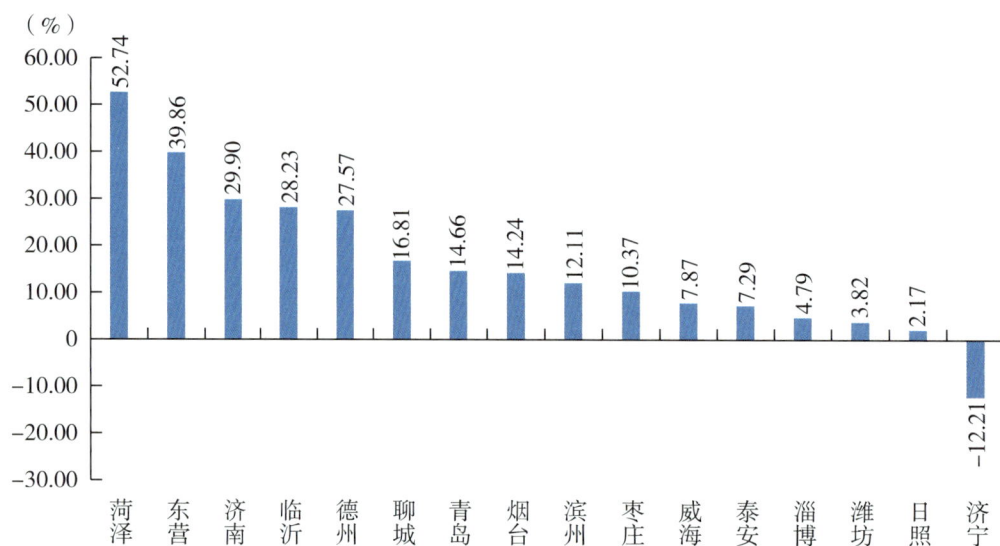

图 2-25　当年指标值较上年指标值增长率

（六）每万名就业人员中研发人员数

2022 年，全省每万名就业人员中研发人员数达 96.38 人年，较上年增加 14.63 人年。从各市来看，青岛、济南、东营、淄博、威海、烟台、滨州等 7 个市该指标值高于全省平均水平。与上年相比，除济宁该指标有所下降外，其余 15 个市该指标值均实现增长，其中，东营、济南该指标提高幅度高居全省前 2 位，较上年分别增加 45.51 人年、39.95 人年（图 2-26 至图 2-28）。

（人年）

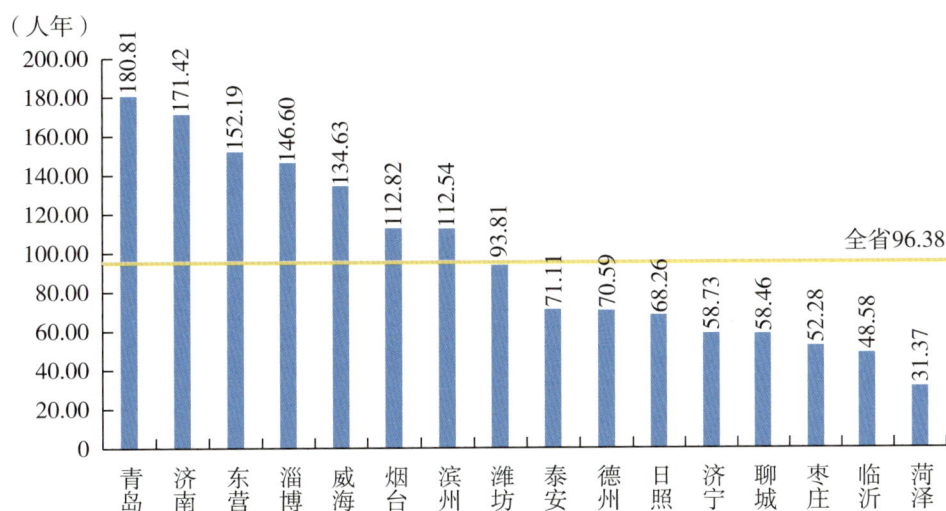

图 2-26　当年指标值

（人年）

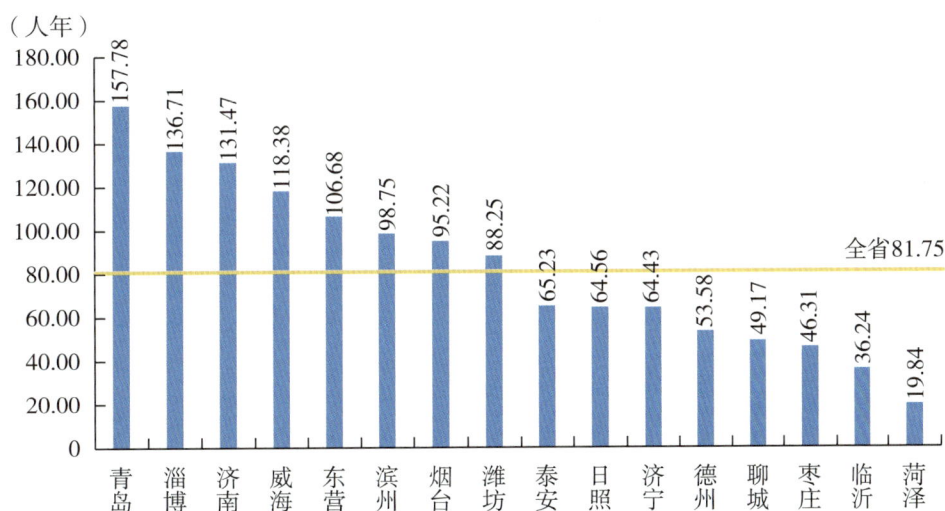

图 2-27　上年指标值

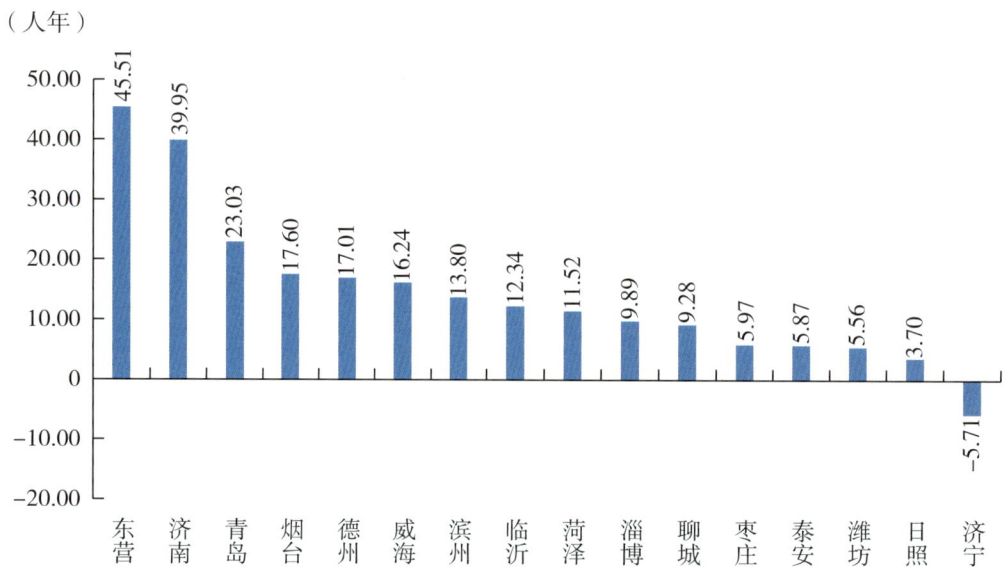

（人年）

图 2-28　当年指标值与上年指标值之差

（七）R&D 人员中研究人员占比

2022 年，全省 R&D 人员中研究人员占比为 35.38%，较上年下降 1.32 个百分点。从各市来看，济南、青岛该指标值高于全省平均水平，分别为 51.79%、44.91%。与上年相比，仅泰安、济宁两市较上年实现增长，其余市均有下降，研发人员质量有待进一步提高（图 2-29 至图 2-31）。

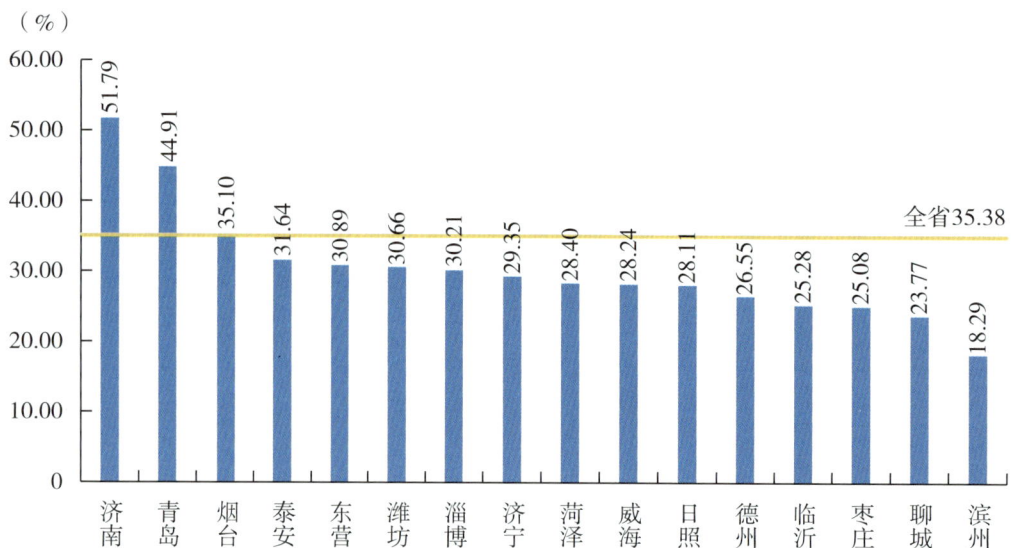

（%）

图 2-29　当年指标值

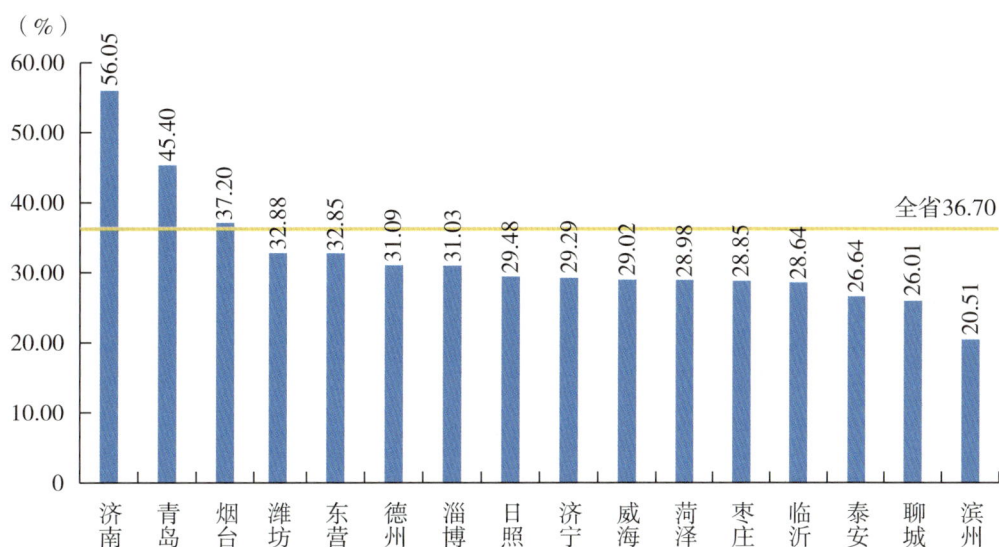

图 2-30 上年指标值

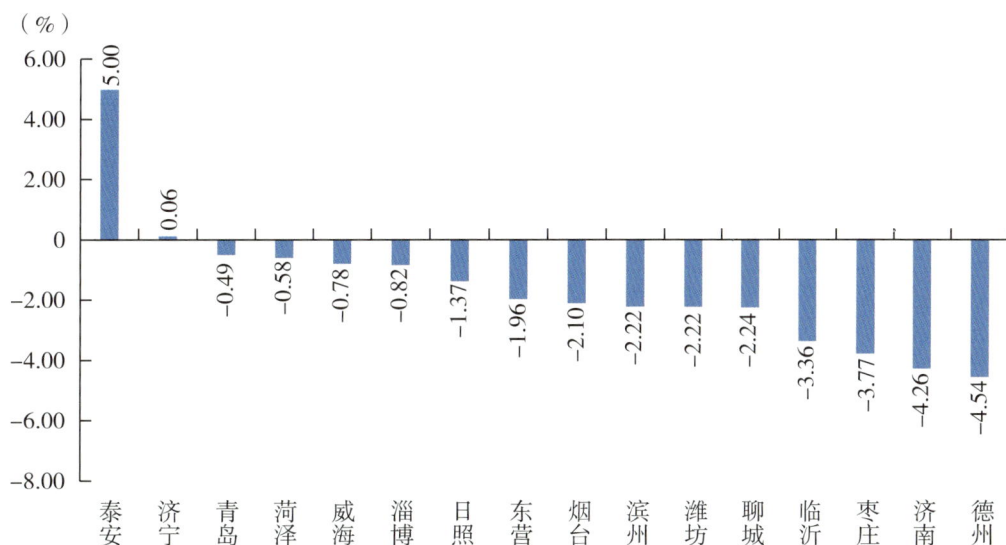

图 2-31 当年指标值与上年指标值之差

（八）每亿元 GDP 技术合同成交额

2022 年，全省每亿元 GDP 技术合同成交额达 371.79 万元，较上年增加 62.30 万元。从各市来看，淄博、枣庄、聊城、济南、日照、威海、滨州等 7 个市该指标值超过全省平均水平。与上年相比，16 个市该指标值均实现增长，枣庄、威海、济南、滨州、淄博、聊城、临沂、日照 8 个市该指标提高幅度超过全省平均水平（图 2-32 至图 2-34）。

（万元）

图 2-32 当年指标值

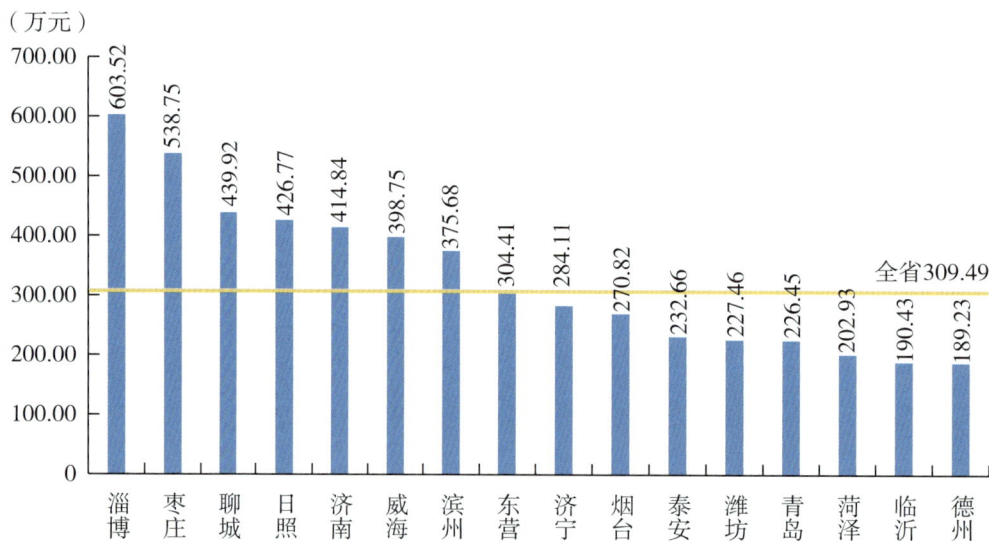

（万元）

图 2-33 上年指标值

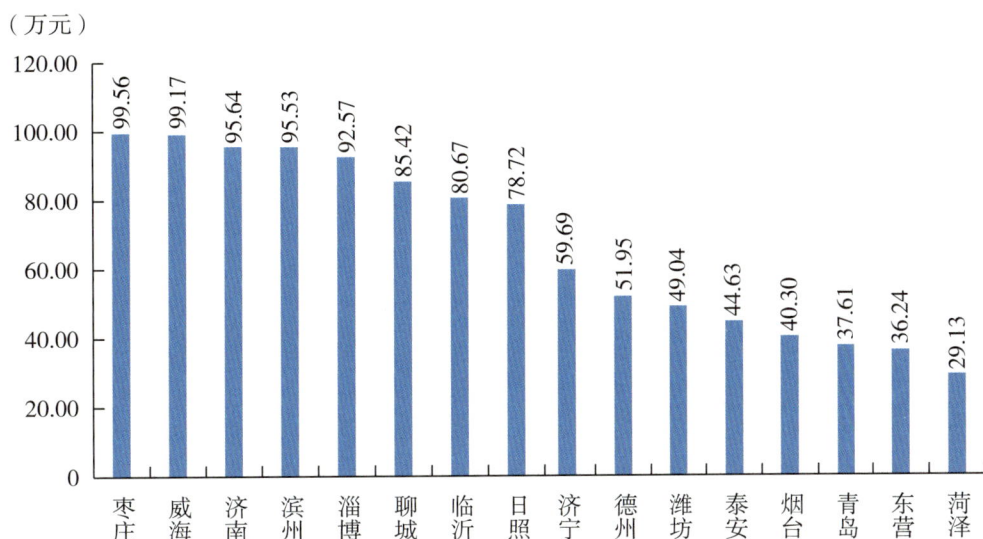

图 2-34 当年指标值与上年指标值之差

（九）每万人高价值发明专利拥有量

2022 年，全省每万人高价值发明专利拥有量达 6.50 件，较上年增加 1.86 件。从各市来看，青岛、济南、威海、烟台、东营、淄博等 6 个市高于全省水平。与上年相比，16 个市该指标值均较上年实现增长，其中，济南、青岛、东营、淄博、威海、烟台 6 个市该指标提高幅度超过全省平均水平（图 2-35 至图 2-37）。

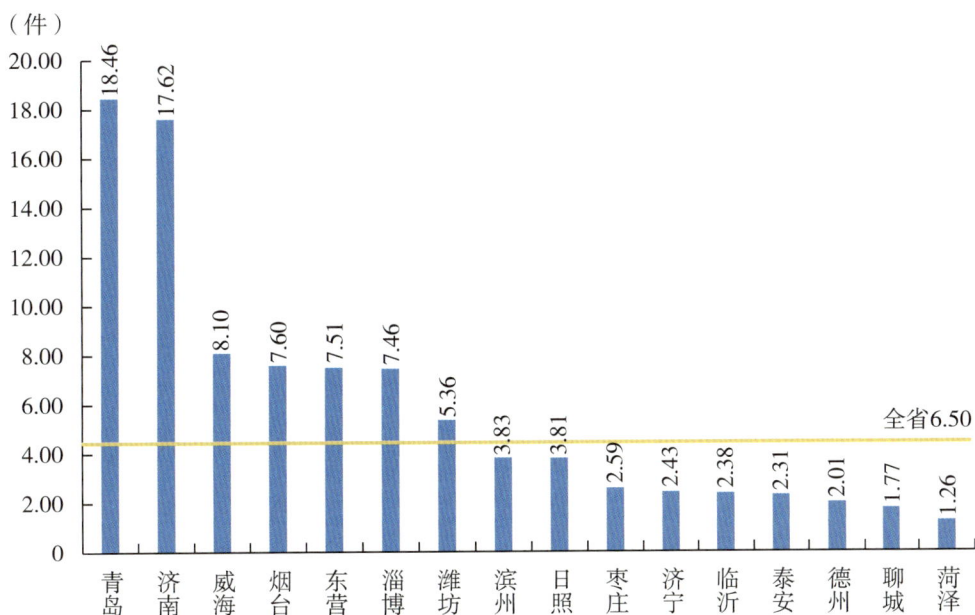

图 2-35 当年指标值

（件）

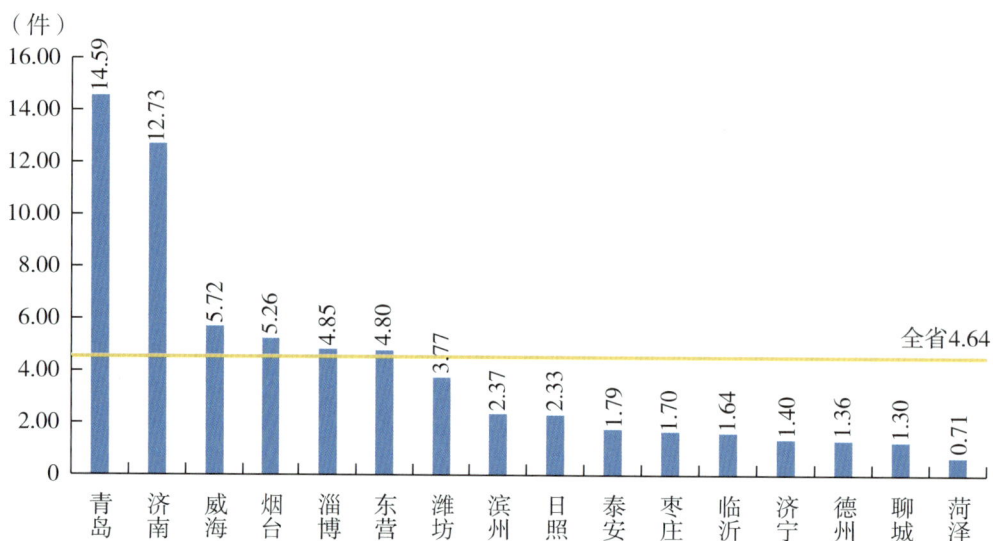

图 2-36　上年指标值

（件）

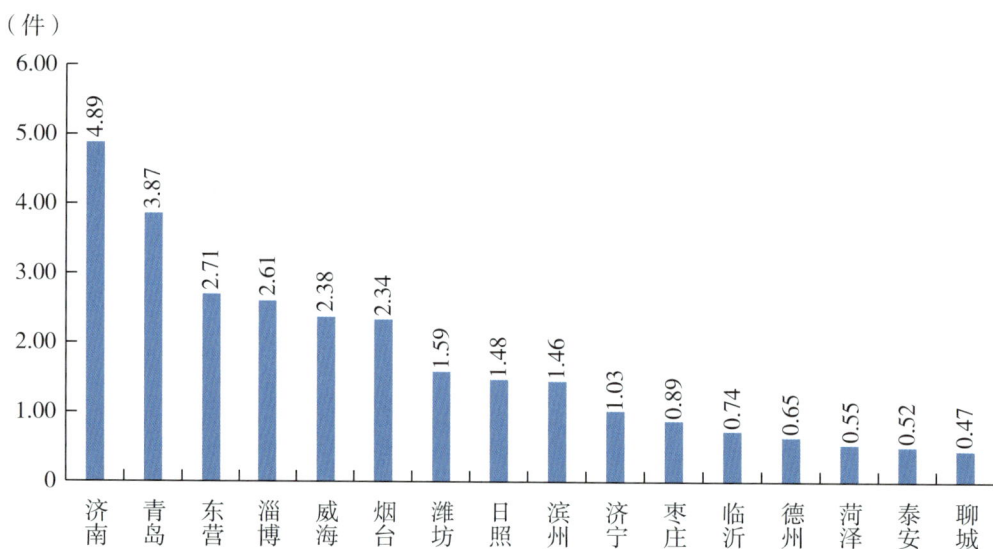

图 2-37　当年指标值与上年指标值之差

（十）万名研究人员科技论文数

2022 年，全省万名研究人员科技论文数为 6495.38 篇，较上年减少 327.05 篇。从各市来看，青岛、济南、济宁、泰安 4 个市该指标值高于全省平均水平。与上年相比，潍坊、滨州、济宁 3 个市该指标有所增长，其余市均出现下降（图 2-38 至图 2-40）。

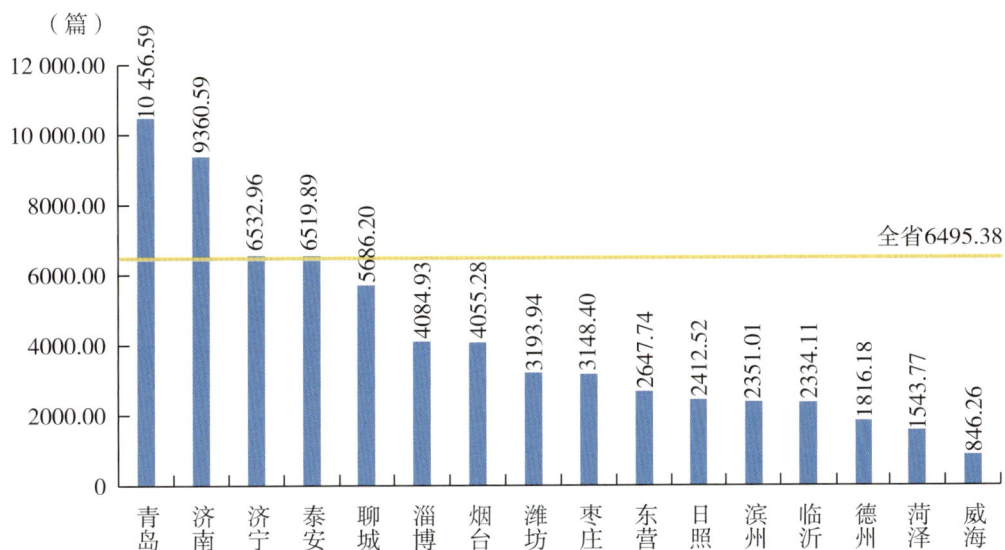

图 2-38 当年指标值

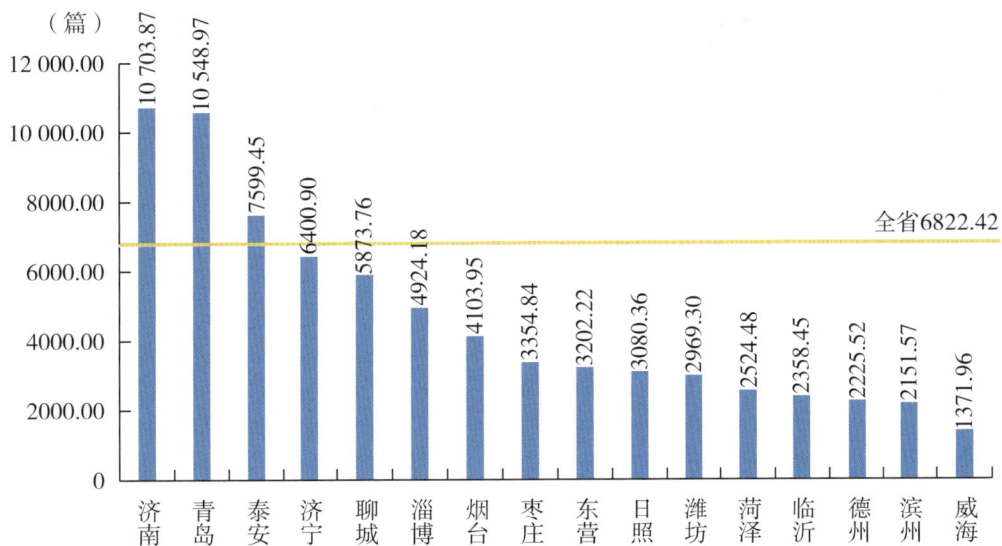

图 2-39 上年指标值

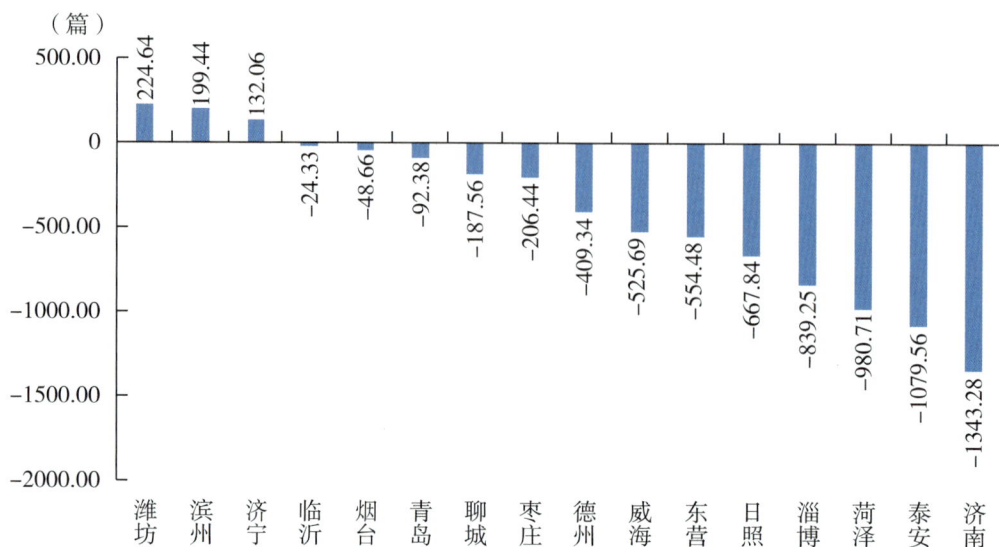

图 2-40　当年指标值与上年指标值之差

（十一）每亿元 R&D 经费支出发明专利授权数

2022 年，全省每亿元 R&D 经费支出发明专利授权数达 22.33 件，较上年提高 3.64 件。从各市来看，青岛、济南、潍坊 3 个市该指标值高于全省平均水平。与上年相比，青岛、济南、烟台、威海、淄博 5 个市该指标较上年提高幅度超过全省平均水平，潍坊、聊城、枣庄、临沂 4 个市出现下降（图 2-41 至图 2-43）。

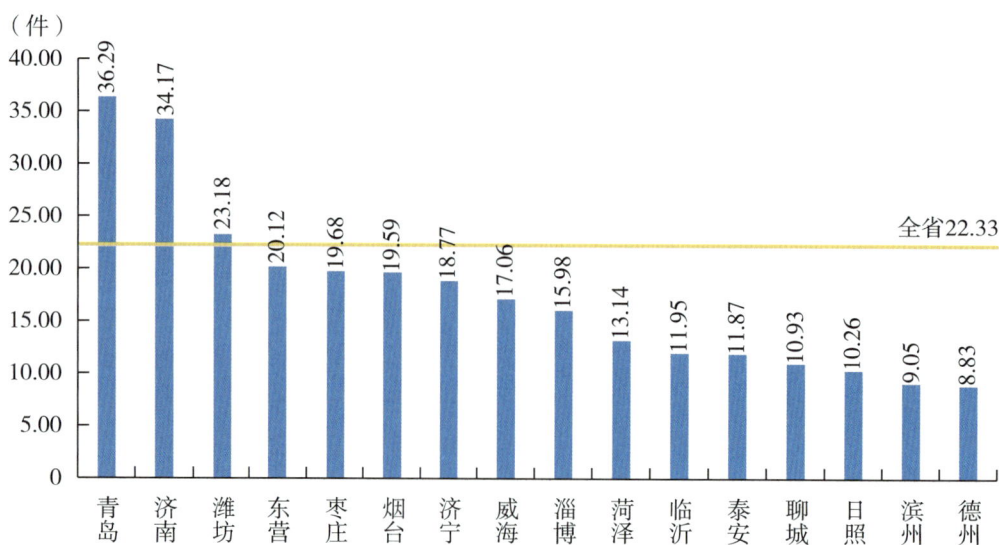

图 2-41　当年指标值

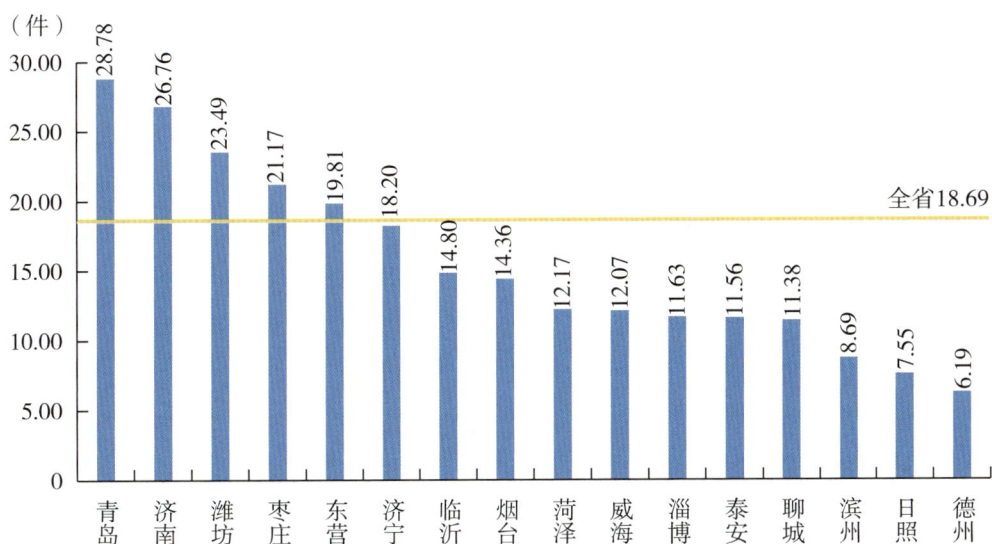

图 2-42　上年指标值

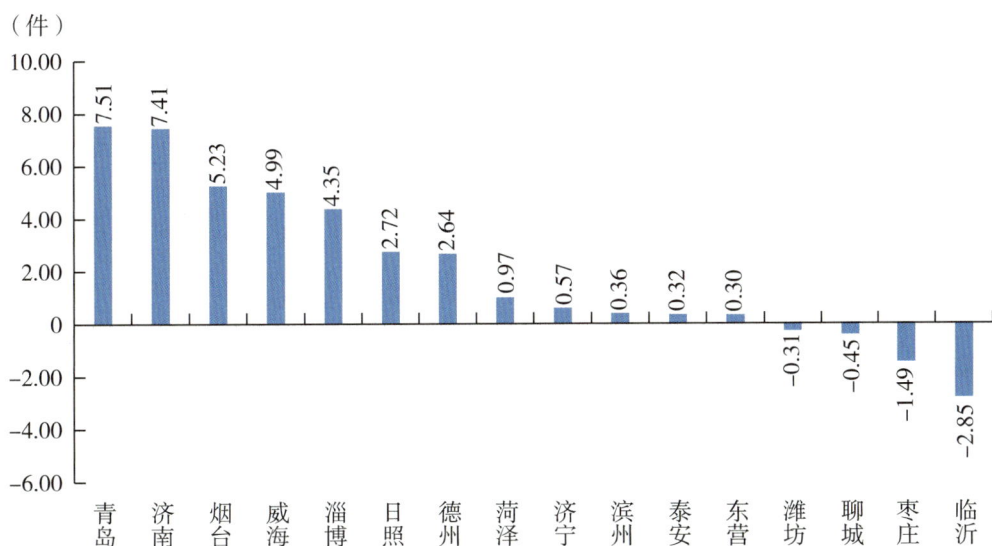

图 2-43　当年指标值与上年指标值之差

（十二）规上高新技术产业产值占规上工业产值比重

2022 年，全省规上高新技术产业产值占规上工业产值比重达 48.26%，较上年提高 1.50 个百分点。从各市来看，威海、烟台、青岛、泰安、潍坊、济南、聊城、淄博 8 个市该指标值高于全省平均水平。与上年相比，除滨州、东营该指标值有所下降外，其余 14 个市均较上年实现增长，其中，日照提高幅度最大，较上年提高12.56 个百分点（图 2-44 至图 2-46）。

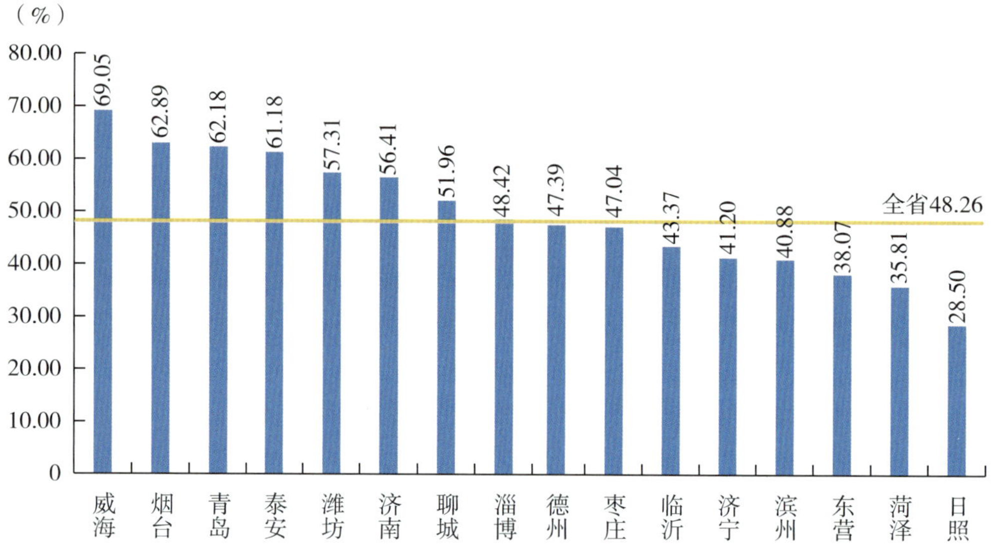

（%）

图 2-44 当年指标值

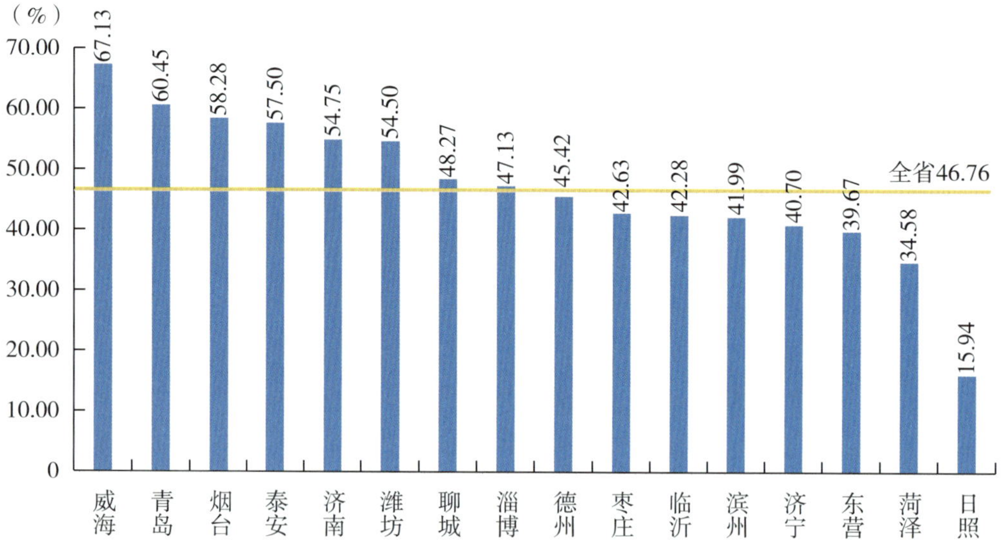

（%）

图 2-45 上年指标值

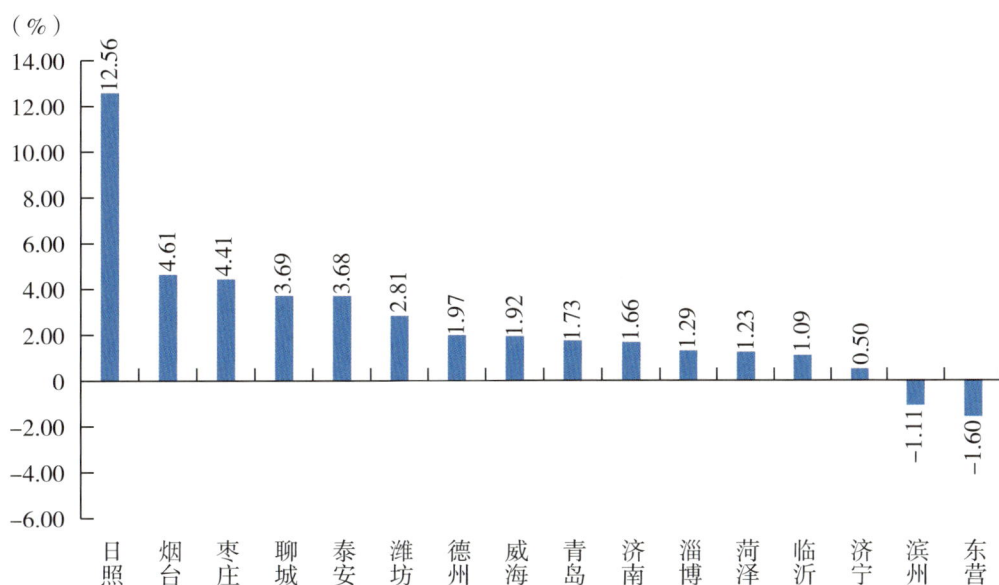

图 2-46　当年指标值与上年指标值之差

（十三）规上工业企业 R&D 经费支出占营业收入的比重

2022 年，全省规上工业企业 R&D 经费支出占营业收入的比重达 1.59%，较上年提高 0.08 个百分点。从各市来看，威海该指标值居全省第 1 位，达 3.54%，德州、泰安、济南、青岛、聊城、临沂、枣庄、淄博、烟台 9 个市也超过全省平均水平。与上年相比，除滨州略有下降外，其余市均实现增长，其中，威海、济南、德州、聊城、日照、泰安、烟台、青岛 8 个市提高幅度高于全省平均水平（图 2-47 至图 2-49）。

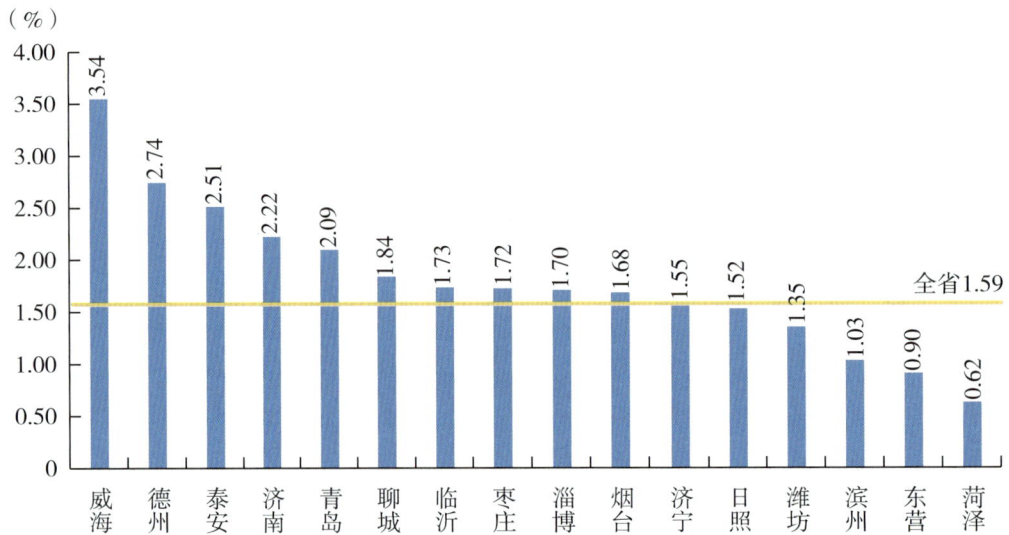

图 2-47 当年指标值

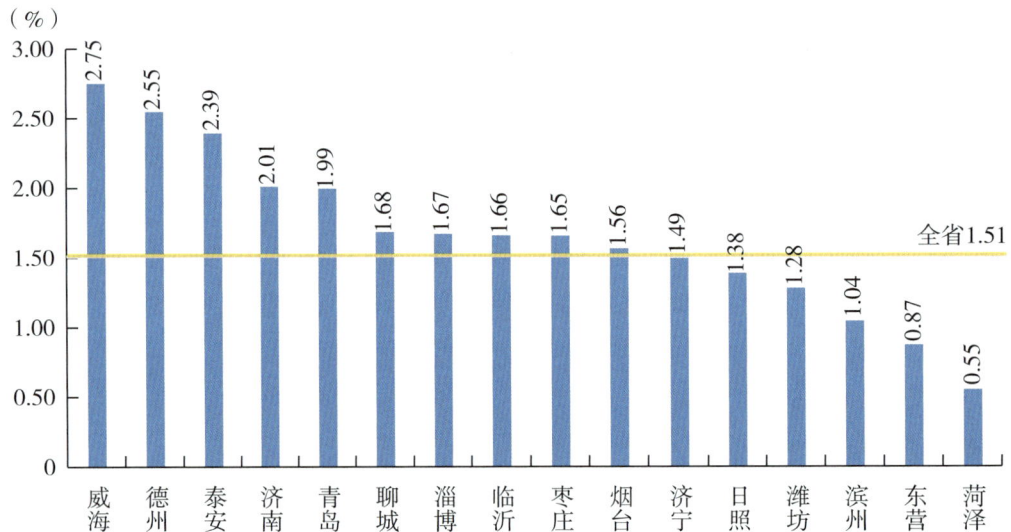

图 2-48 上年指标值

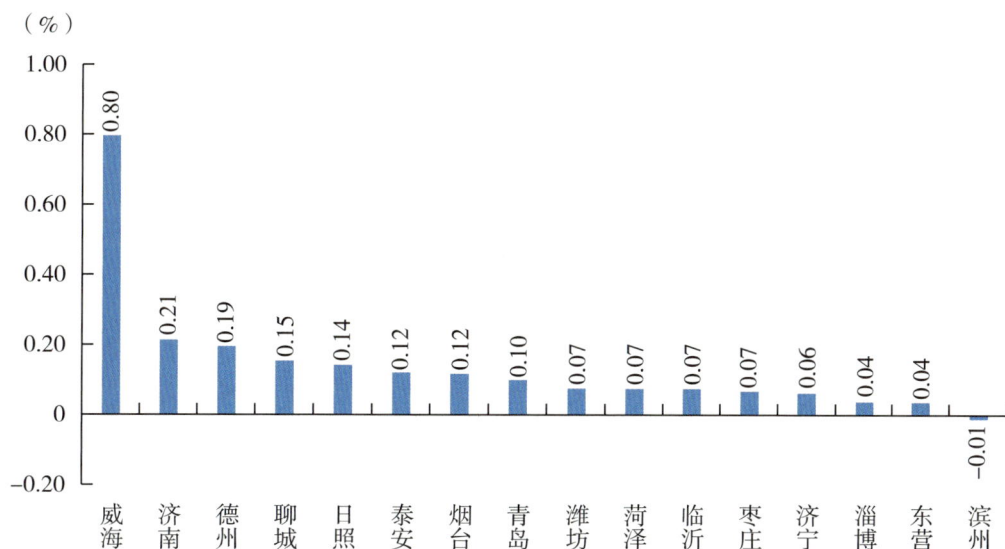

图 2-49 当年指标值与上年指标值之差

（十四）规上工业企业 R&D 人员占规上工业企业从业人员的比重

2022 年，全省规上工业企业 R&D 人员占规上工业企业从业人员的比重达 10.27%，较上年提高 0.73 个百分点。从各市来看，德州、淄博、济南、青岛、威海、滨州、泰安、烟台、日照 9 个市该指标值高于全省平均水平。与上年相比，除日照、潍坊、济宁 3 个市出现下降外，其余市均有增长，其中，德州提高幅度最大，较上年提高 2.69 个百分点（图 2-50 至图 2-52）。

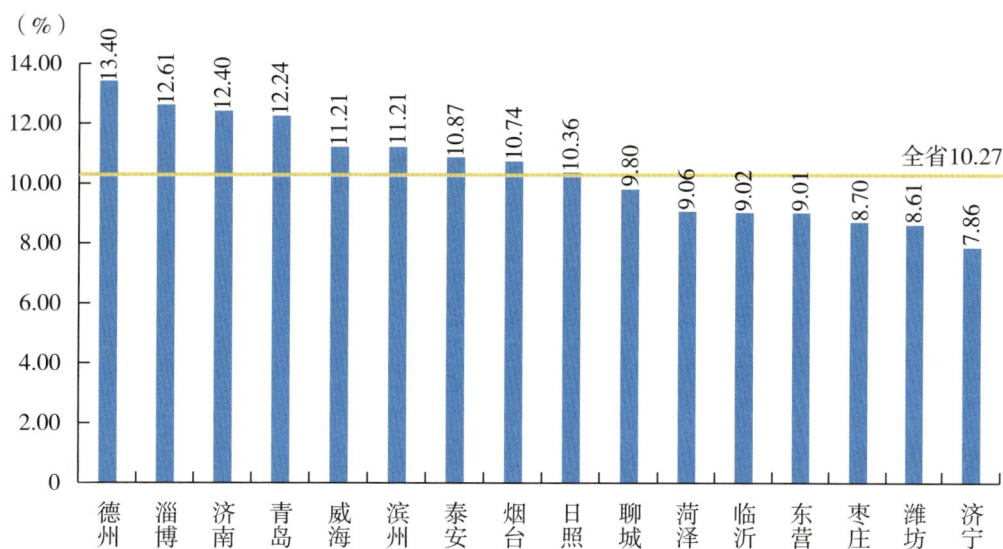

图 2-50 当年指标值

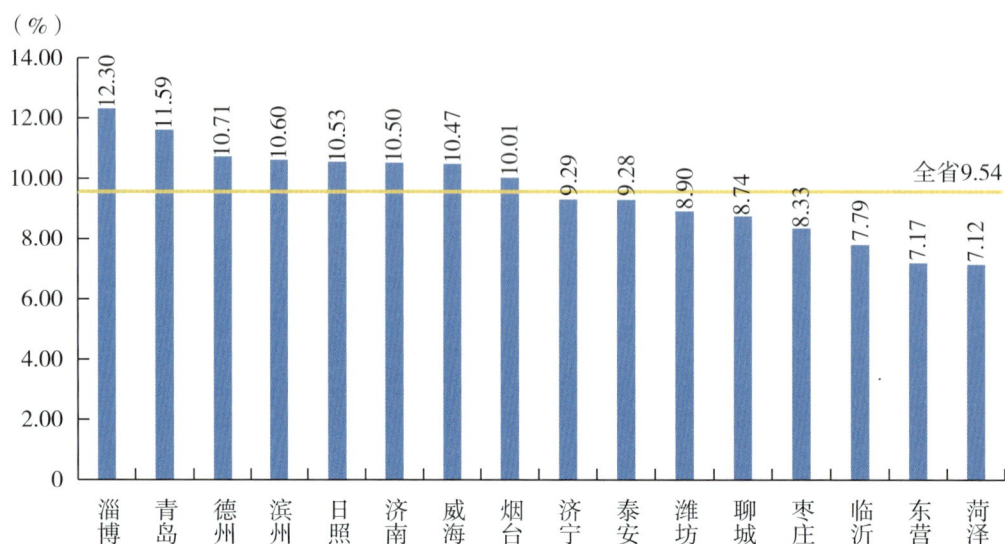

图 2-51　上年指标值

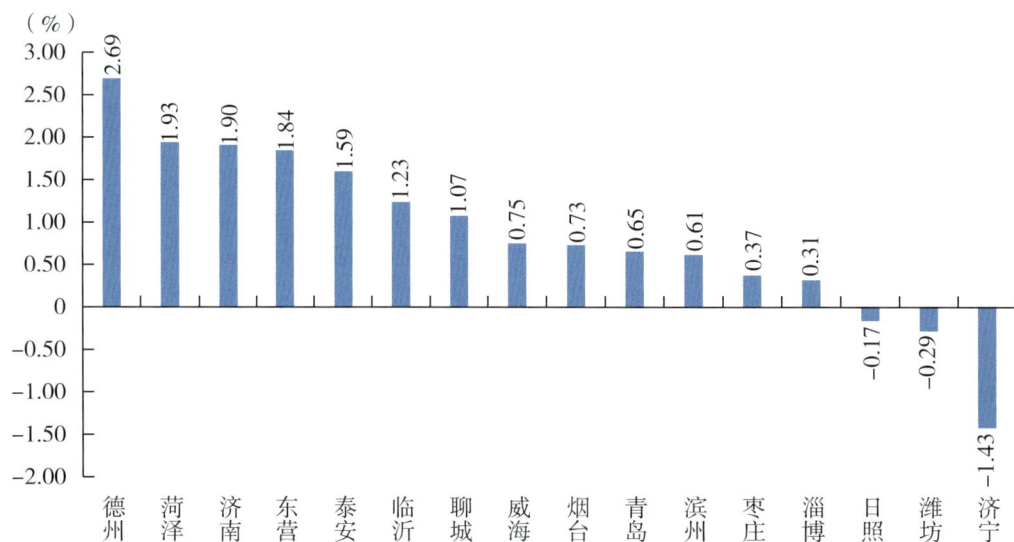

图 2-52　当年指标值与上年指标值之差

（十五）有研发活动的规上工业企业数

2022 年，全省有研发活动的规上工业企业数达 17 793 家，较上年增长 13.72%。从各市来看，青岛、临沂、烟台、潍坊、济南、淄博 6 个市有研发活动的规上工业企业数高于全省平均水平，其中，青岛有研发活动的规上工业企业数遥遥领先，达 2574 家。与上年相比，东营、泰安、菏泽、德州、临沂、济南、聊城、青岛、日照 9 个市该指标值增长率超过全省平均水平，其中，东营、泰安、菏泽增长率高于 50%（图 2-53 至图 2-55）。

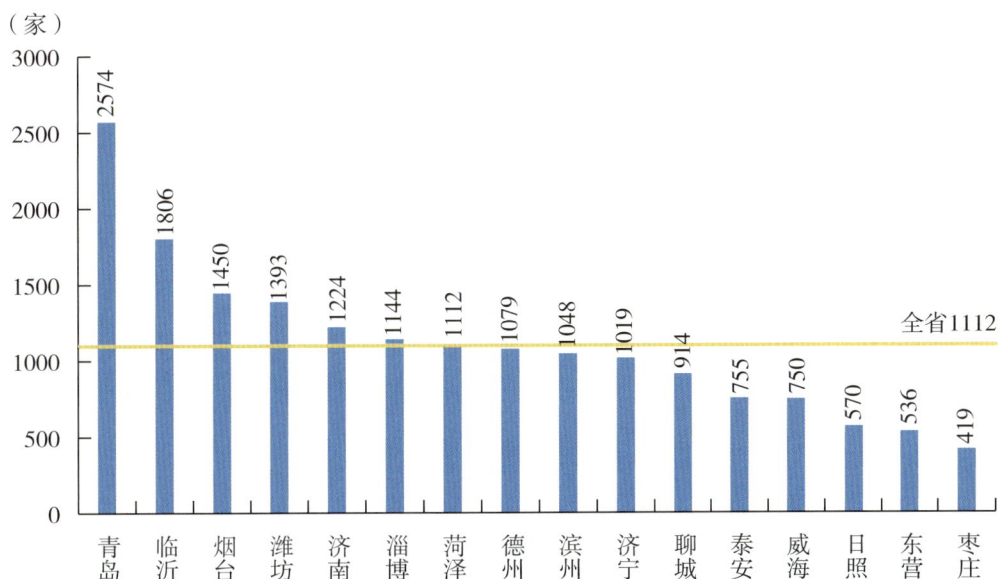

图 2-53　当年指标值

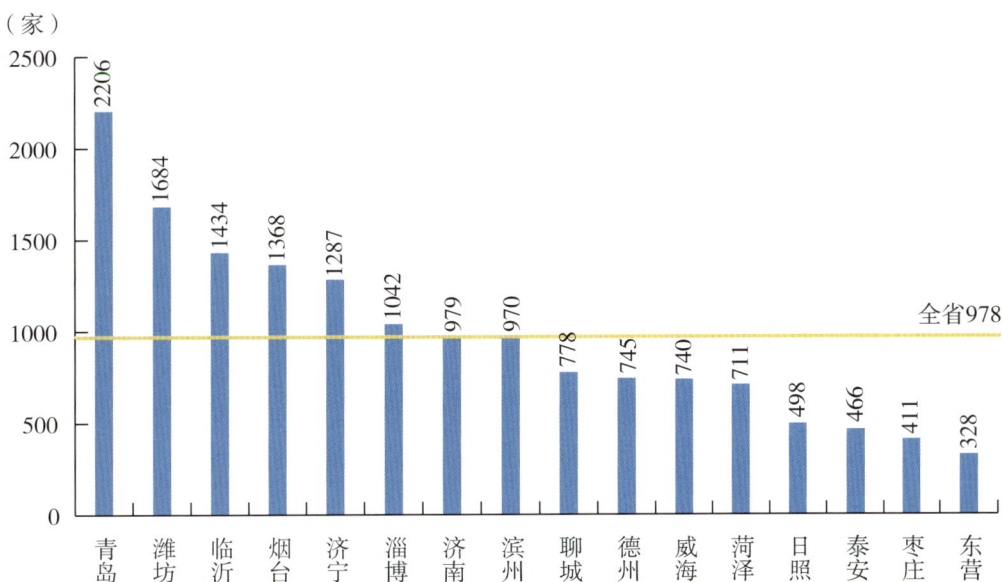

图 2-54　上年指标值

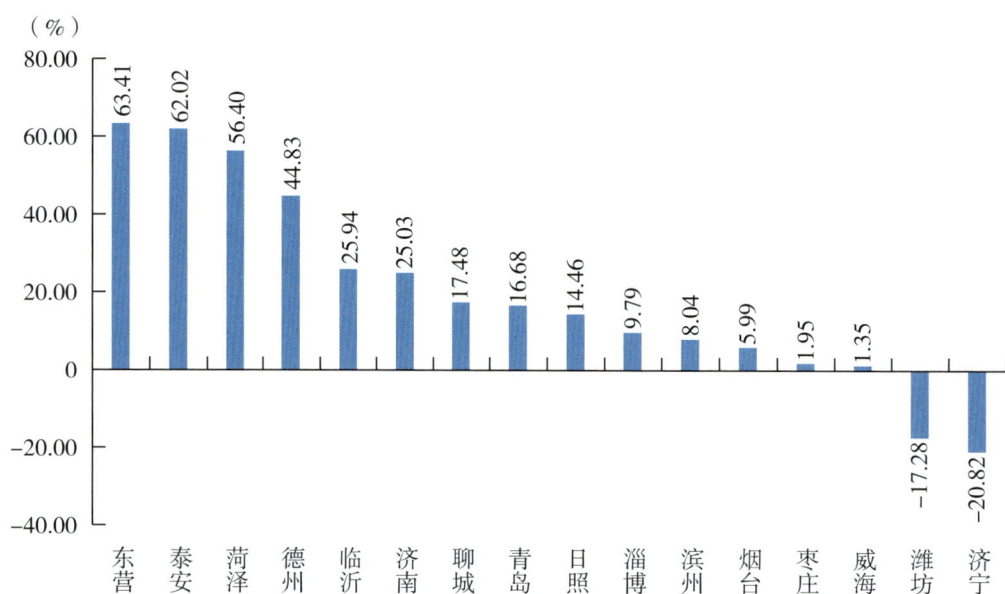

图 2-55　当年指标值较上年指标值增长率

（十六）有研发活动的规上工业企业占规上工业企业的比重

2022 年，全省有研发活动的规上工业企业占规上工业企业的比重达 50.37%，较上年提高 3.04 个百分点。从各市来看，滨州、日照、威海、淄博、东营、烟台、泰安、德州、青岛、聊城 10 个市该指标值高于全省平均水平，其中，滨州、日照该指标值超过 60%。与上年相比，东营、泰安、菏泽、德州 4 个市该指标值较上年提高幅度在 10 个百分点以上，烟台、威海、枣庄、潍坊、济宁 5 个市较上年有所下降（图 2-56 至图 2-58）。

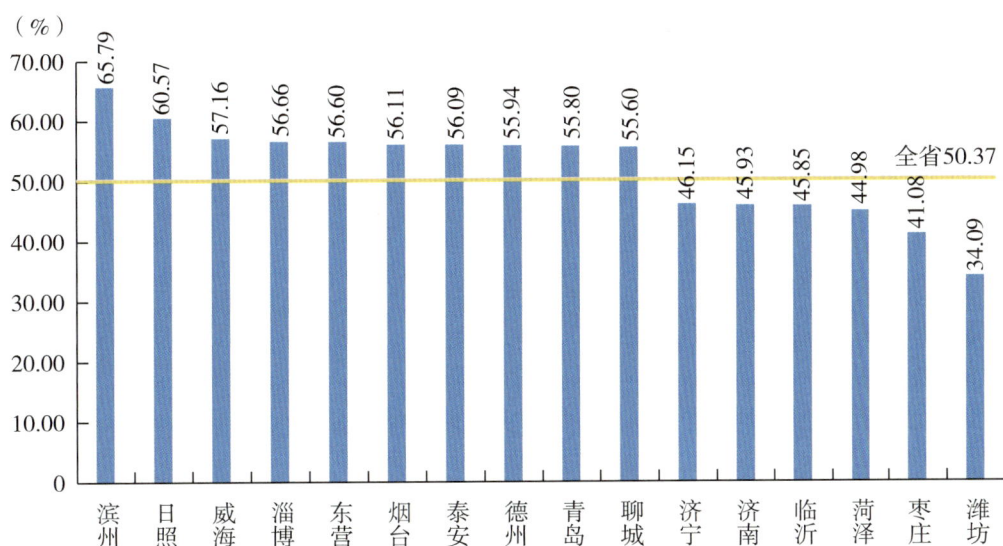

图 2-56　当年指标值

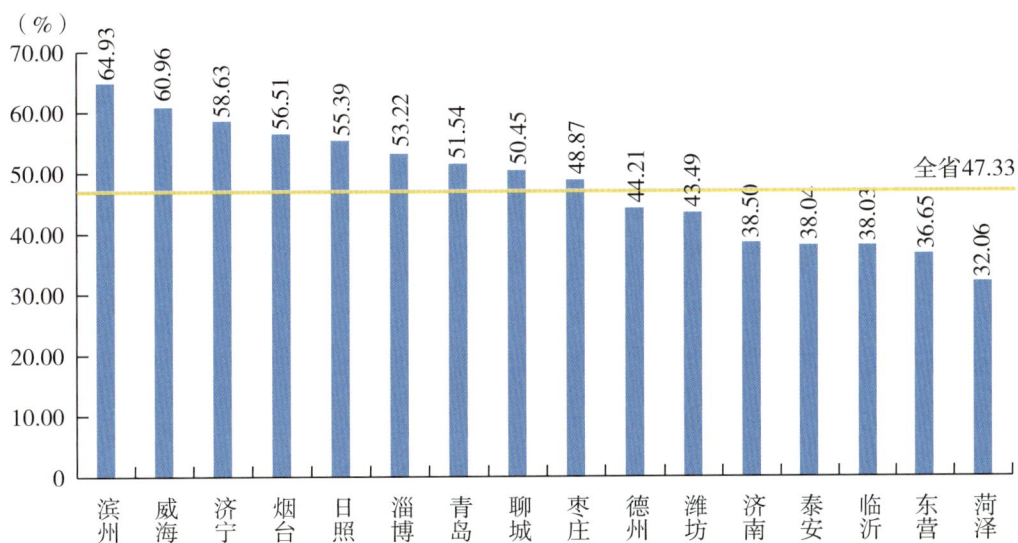

图 2-57　上年指标值

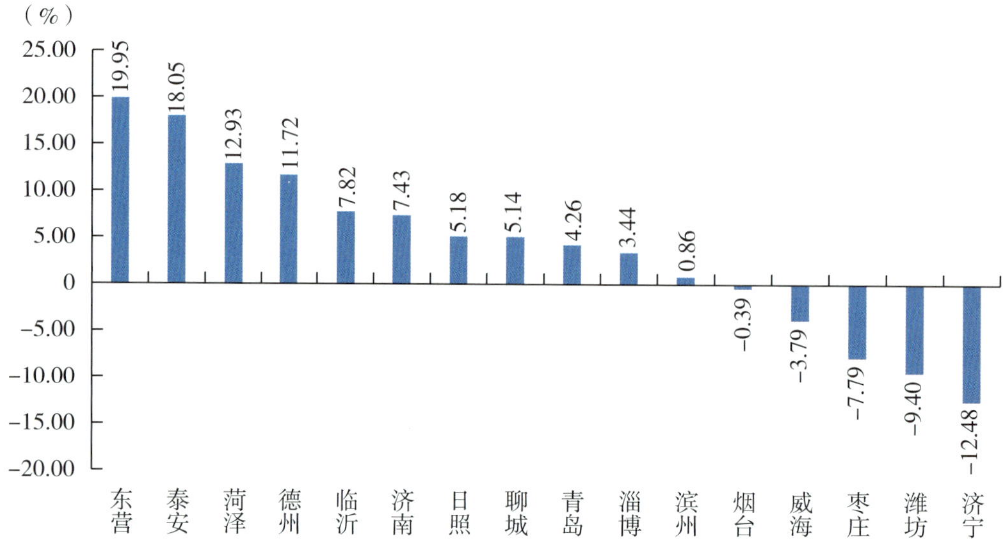

（%）

图 2-58　当年指标值与上年指标值之差

（十七）规上工业企业新产品销售收入

2022 年，全省规上工业企业新产品销售收入达 37 847.17 亿元，较上年增长 37.42%。从各市来看，青岛、潍坊、烟台、滨州、济南、东营、淄博、临沂 8 个市该指标值高于全省平均水平，其中，青岛、潍坊超过 4000 亿元。与上年相比，除济南该指标值出现下降外，其余 15 个市均实现增长（图 2-59 至图 2-61）。

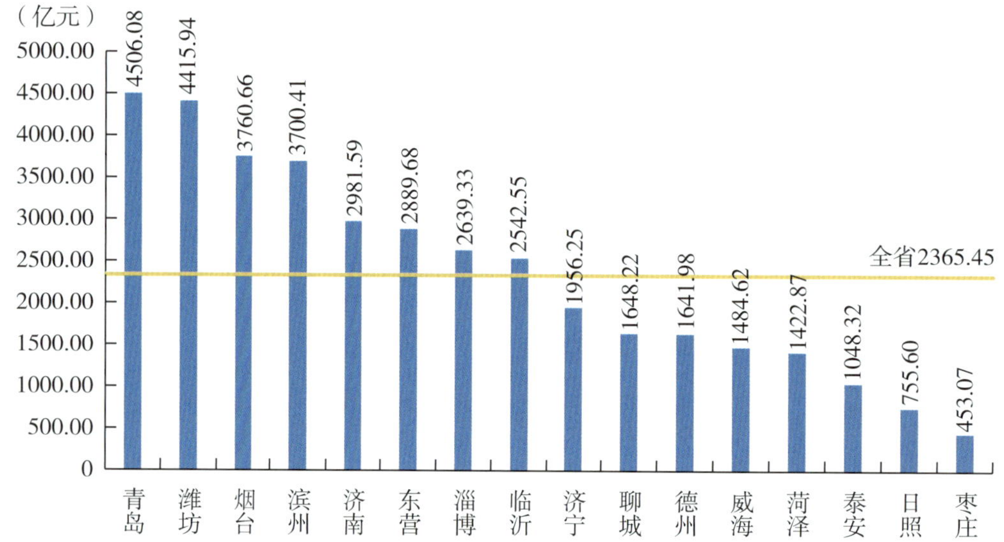

（亿元）

图 2-59　当年指标值

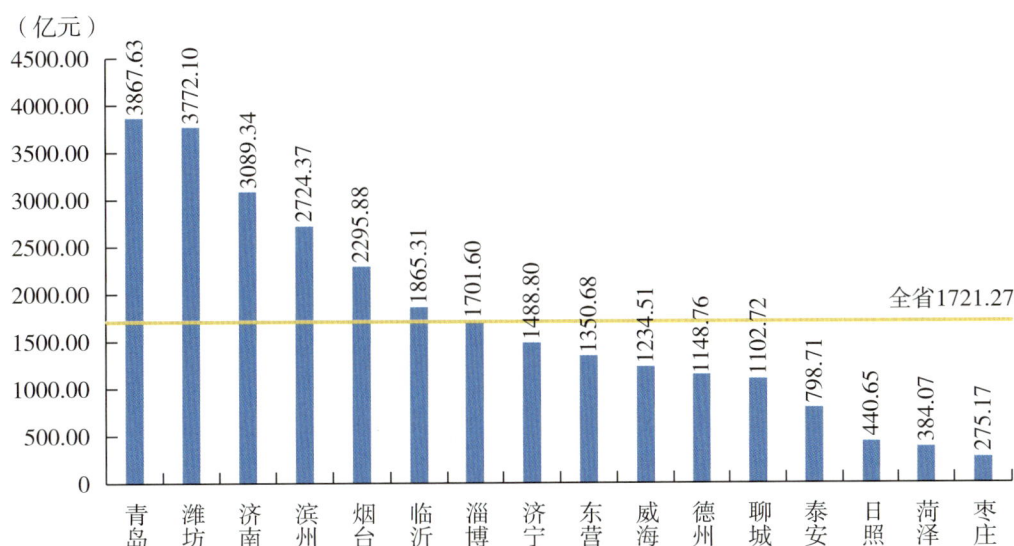

图 2-60　上年指标值

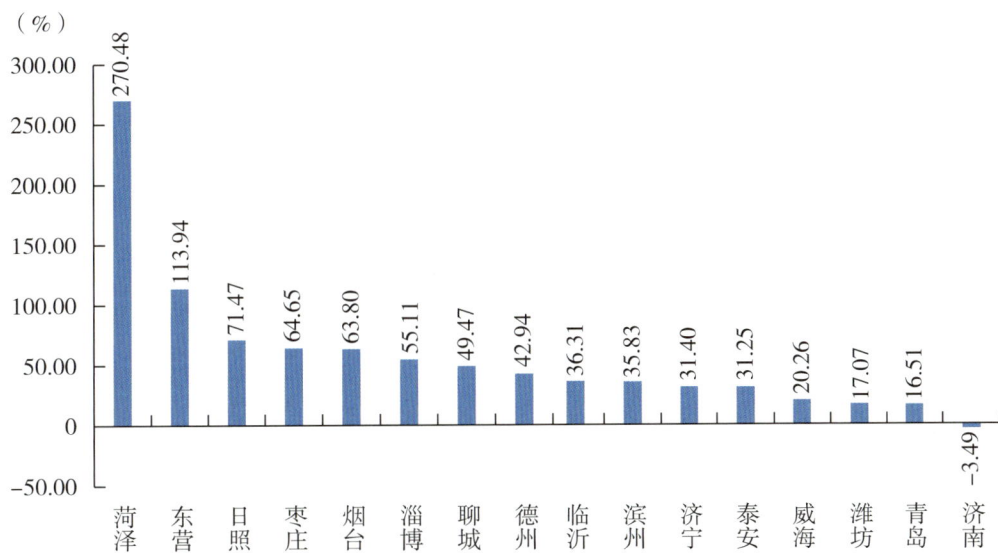

图 2-61　当年指标值较上年指标值增长率

（十八）规上工业企业新产品销售收入占营业收入的比重

2022 年，全省规上工业企业新产品销售收入占营业收入的比重达 34.71%，较上年提高 8.18 个百分点。从各市来看，威海该指标值遥遥领先，达 64.12%，其余市均在 50% 以下。与上年相比，除济南略有下降外，其余 15 个市均实现增长，其中，威海、菏泽、东营、烟台、德州、淄博、聊城、枣庄 8 个市该指标值提高幅度超过全省平均水平（图 2-62 至图 2-64）。

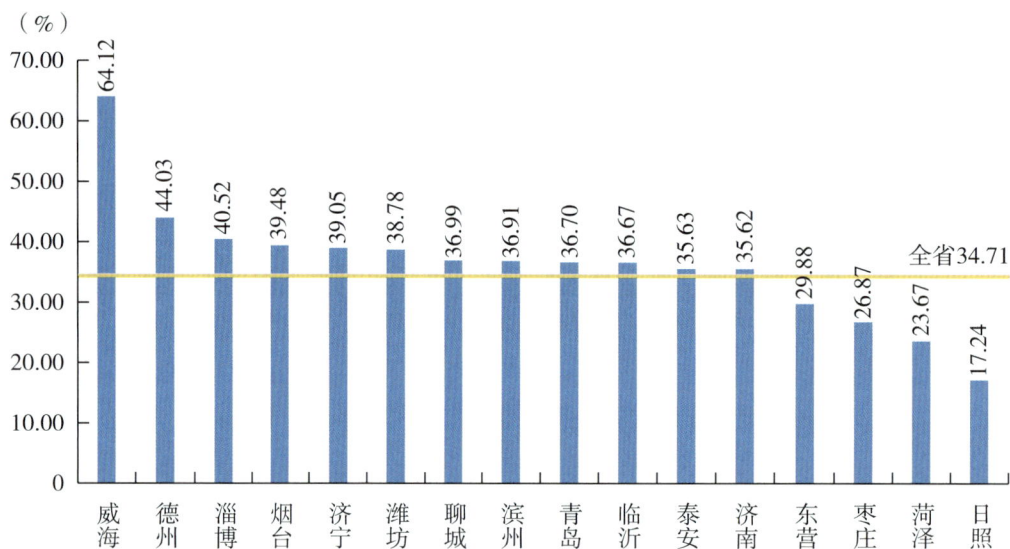

（%）

图 2-62　当年指标值

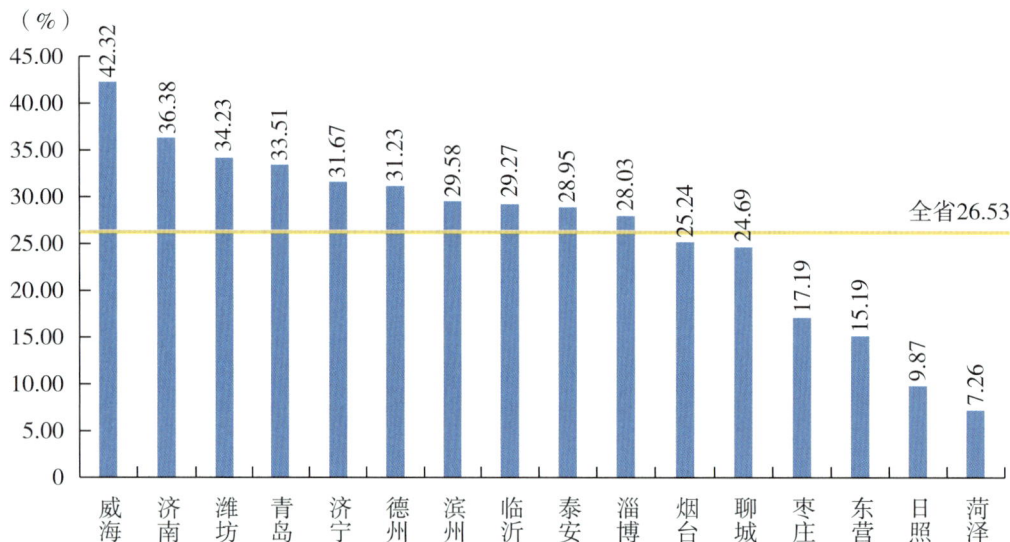

（%）

图 2-63　上年指标值

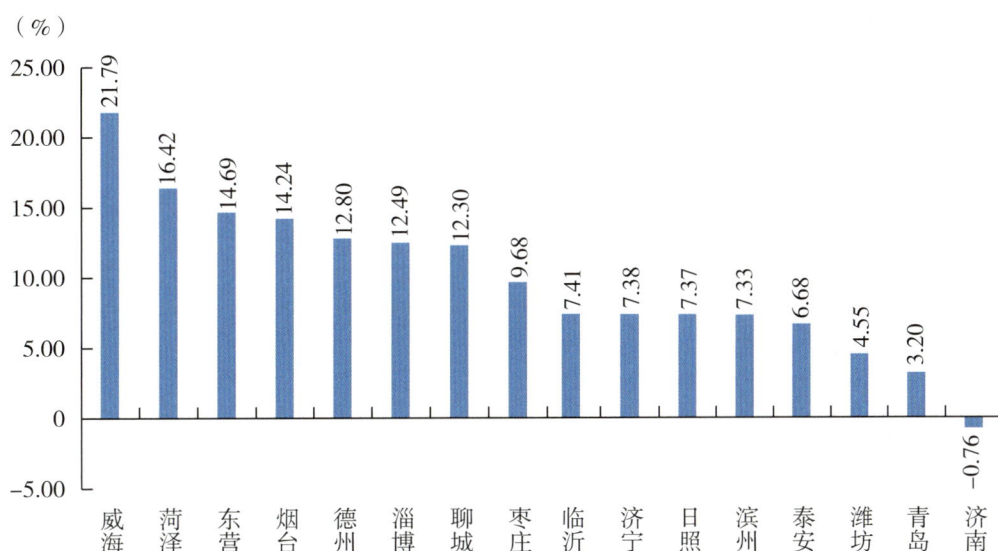

图 2-64　当年指标值与上年指标值之差

（十九）每万名规上工业企业 R&D 人员发明专利拥有量

2022 年，全省每万名规上工业企业 R&D 人员发明专利拥有量达 3320.15 件，较上年增加 360.33 件。从各市来看，济南、青岛、潍坊该指标值高于全省平均水平，其中，济南、青岛优势明显，每万名规上工业企业 R&D 人员发明专利拥有量分别达 6998.79 件、4924.05 件。与上年相比，除菏泽、东营有所下降外，其余 14 个市均实现增长，枣庄、淄博、济宁、威海、潍坊、日照 6 个市提高幅度超过全省平均水平（图 2-65 至图 2-67）。

（件）

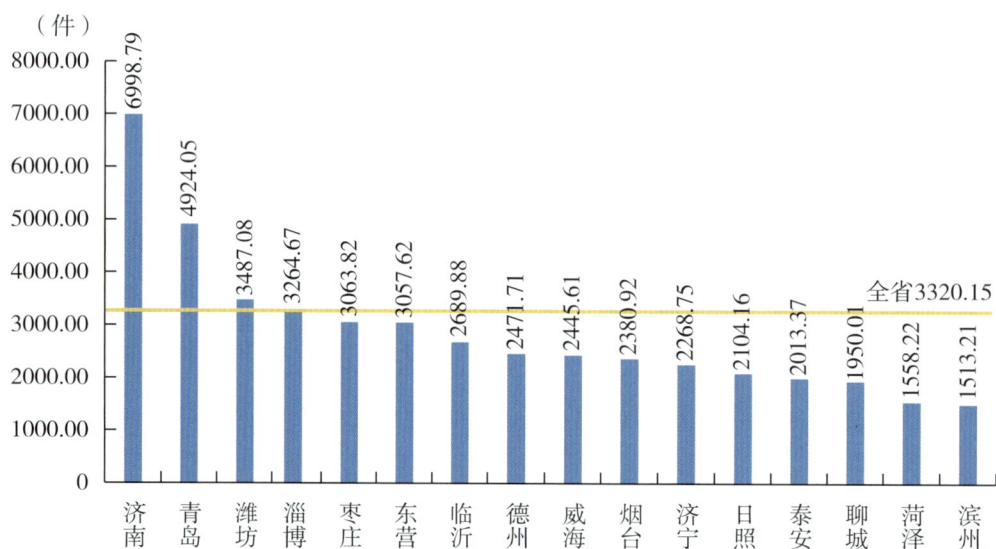

图 2-65 当年指标值

（件）

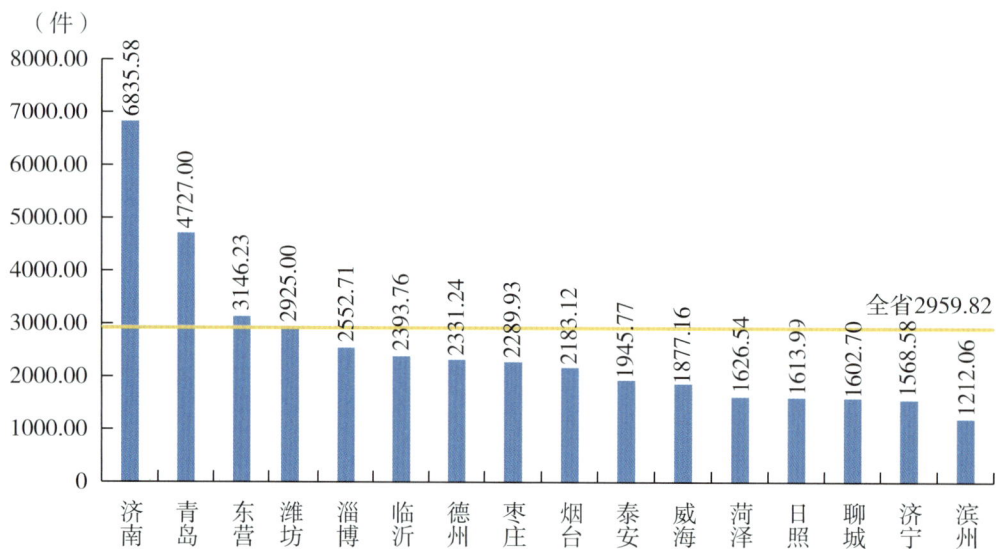

图 2-66 上年指标值

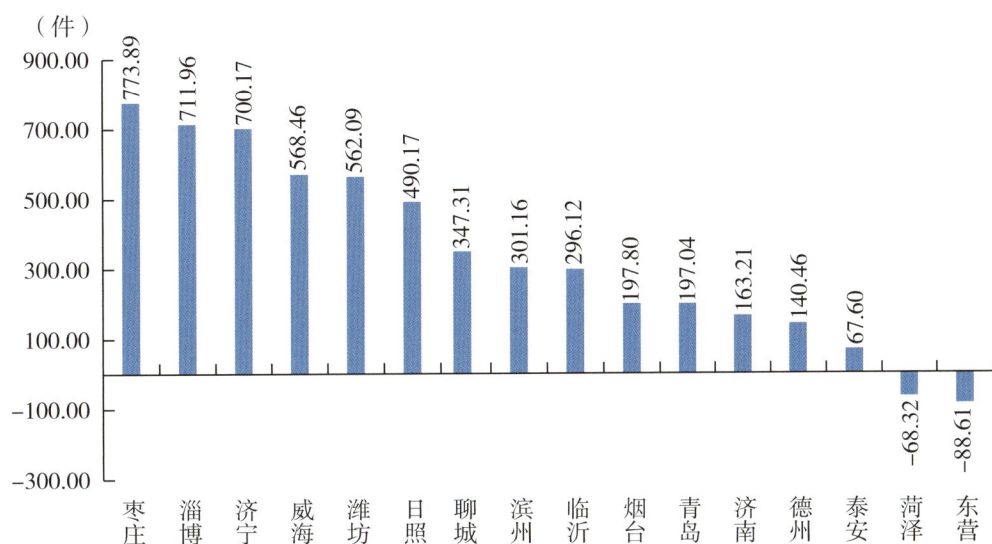

图 2-67　当年指标值与上年指标值之差

（二十）每名 R&D 人员仪器和设备支出

2022 年，全省每名 R&D 人员仪器和设备支出为 2.59 万元，较上年略有下降。从各市来看，淄博、菏泽、烟台、济宁、济南 5 个市该指标值高于全省平均水平。与上年相比，济宁、菏泽、泰安、聊城、枣庄、临沂、德州、潍坊、日照 9 个市实现增长，其余市均有下降（图 2-68 至图 2-70）。

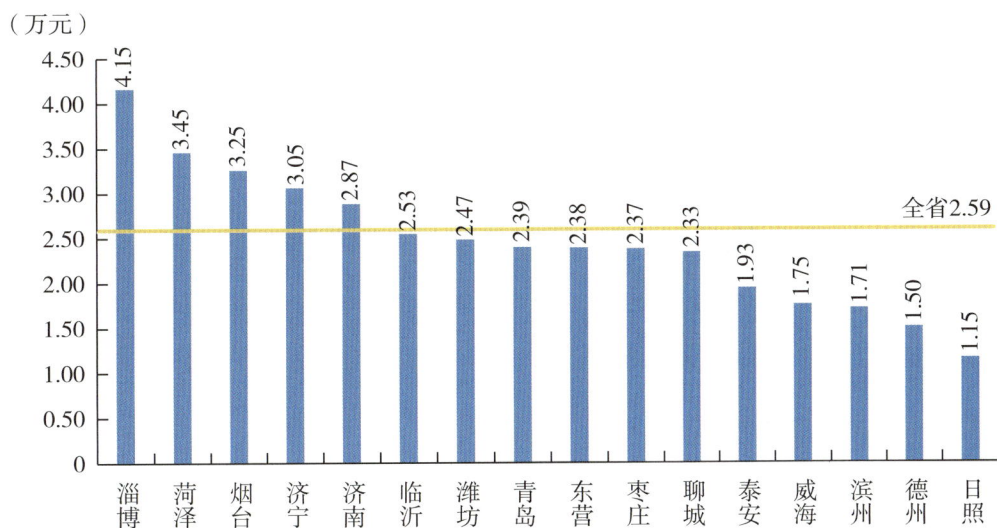

图 2-68　当年指标值

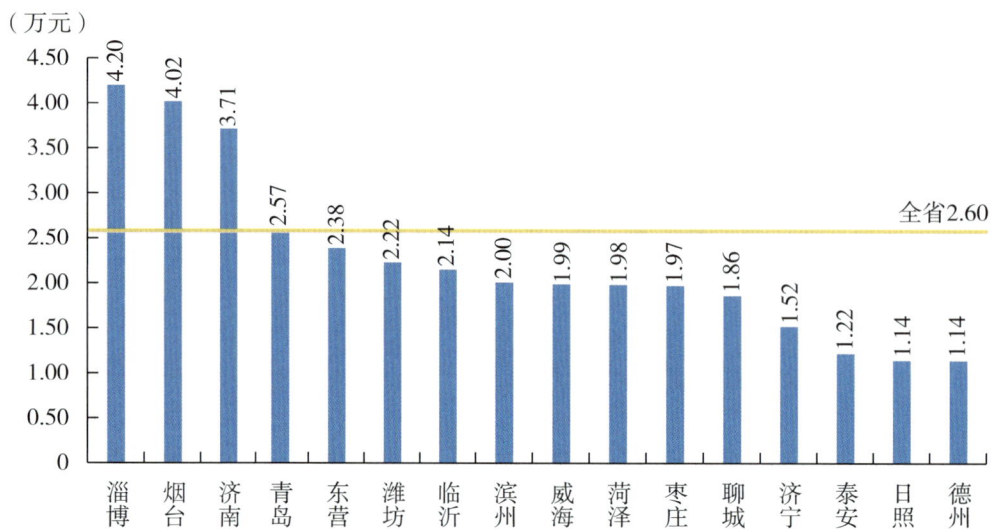

图 2-69　上年指标值

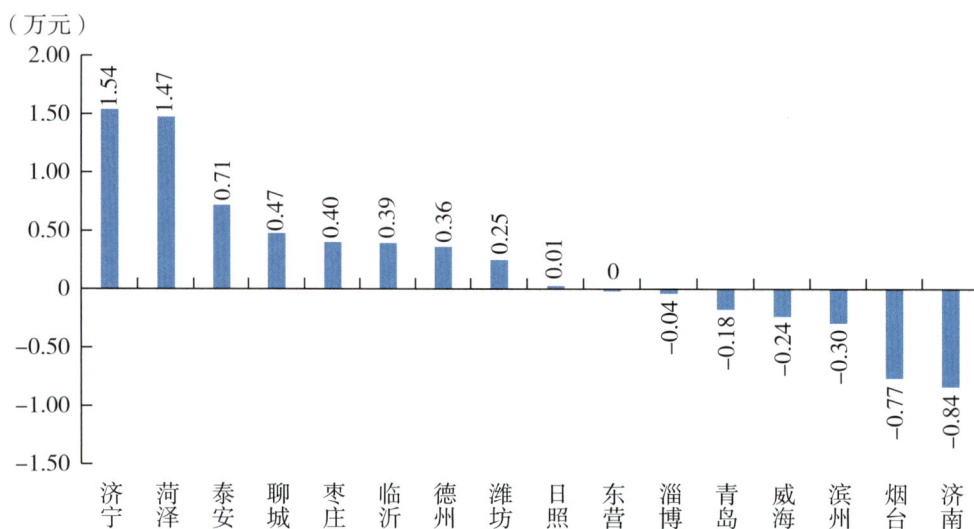

图 2-70　当年指标值与上年指标值之差

（二十一）高新技术企业数

2022 年，全省高新技术企业数达 26 778 家，较上年增长 31.18%。从各市来看，青岛、济南高位凸显，高新技术企业数分别达 6680 家、5777 家，烟台、潍坊高新技术企业数也均超过 16 市平均值。与上年相比，全省 16 个市高新技术企业数均实现增长，且增长率均超过 20%（图 2-71 至图 2-73）。

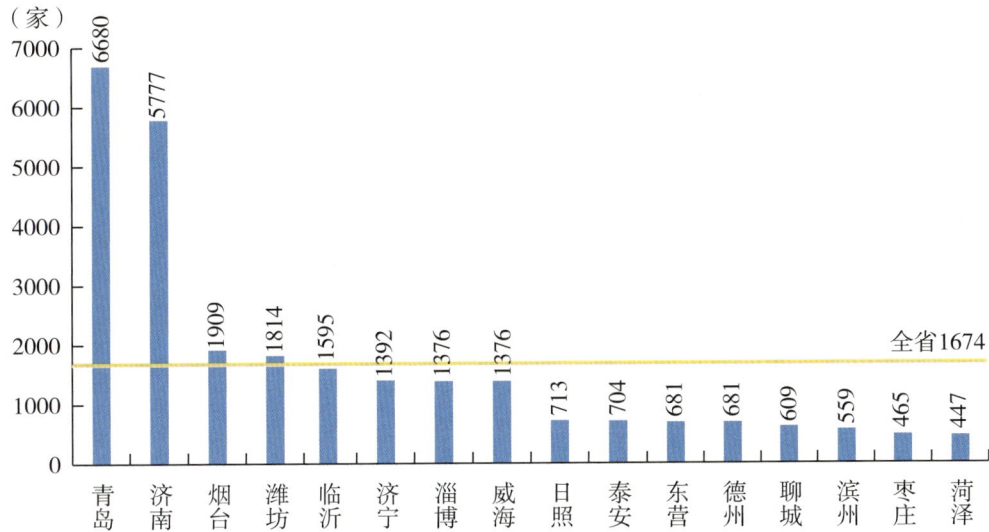

图 2-71　当年指标值

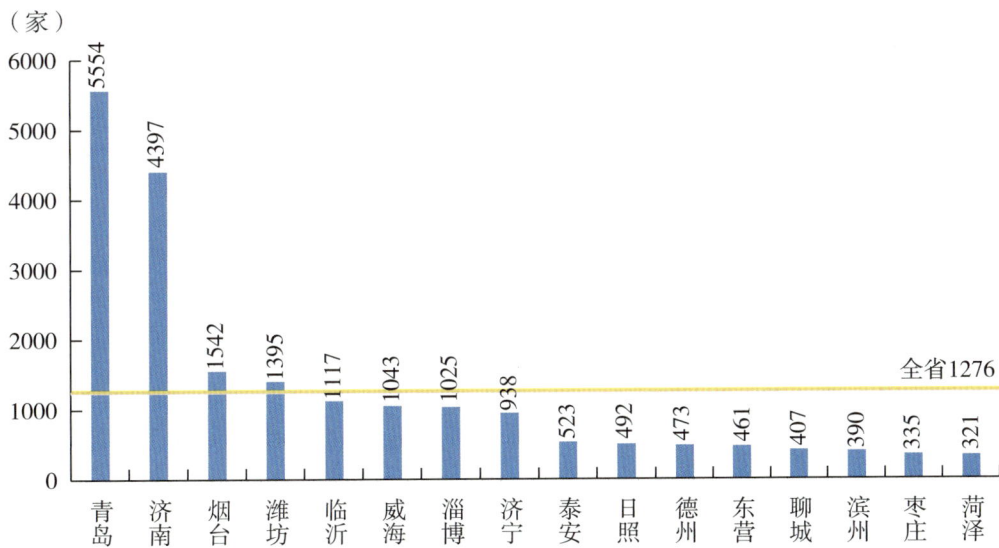

图 2-72　上年指标值

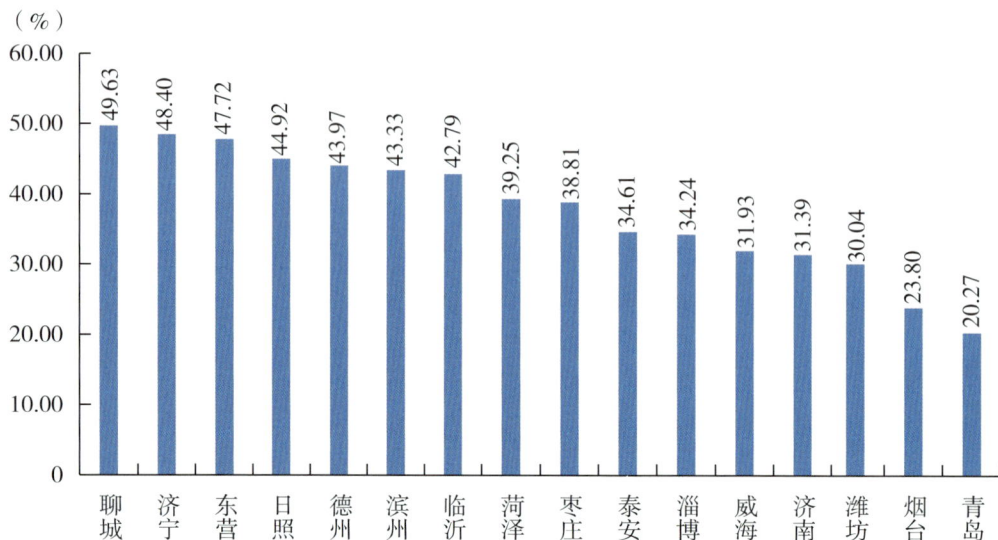

图 2-73　当年指标值较上年指标值增长率

（二十二）每万家企业法人单位中高新技术企业数

2022 年，全省每万家企业法人单位中高新技术企业数达 83.60 家，较上年增加 13.91 家。从各市来看，威海、济南、青岛、淄博、东营 5 个市该指标值高于全省平均水平，其中，威海、济南、青岛 3 个市该指标值在 110 家以上。与上年相比，16 个市该指标值均实现增长，其中，威海、济南、东营、淄博、日照、济宁、德州 7 个市该指标提高幅度超过全省平均水平（图 2-74 至图 2-76）。

图 2-74　当年指标值

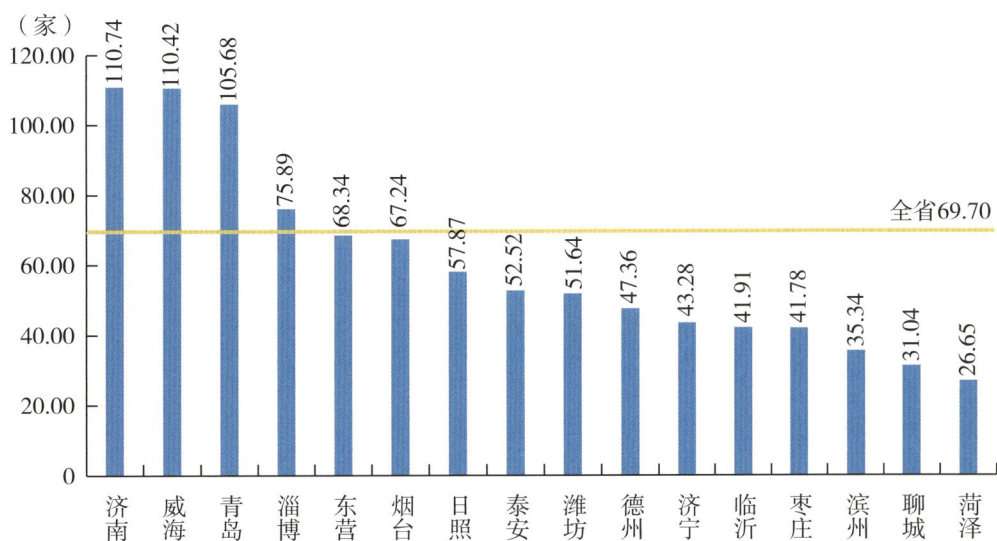

图 2-75　上年指标值

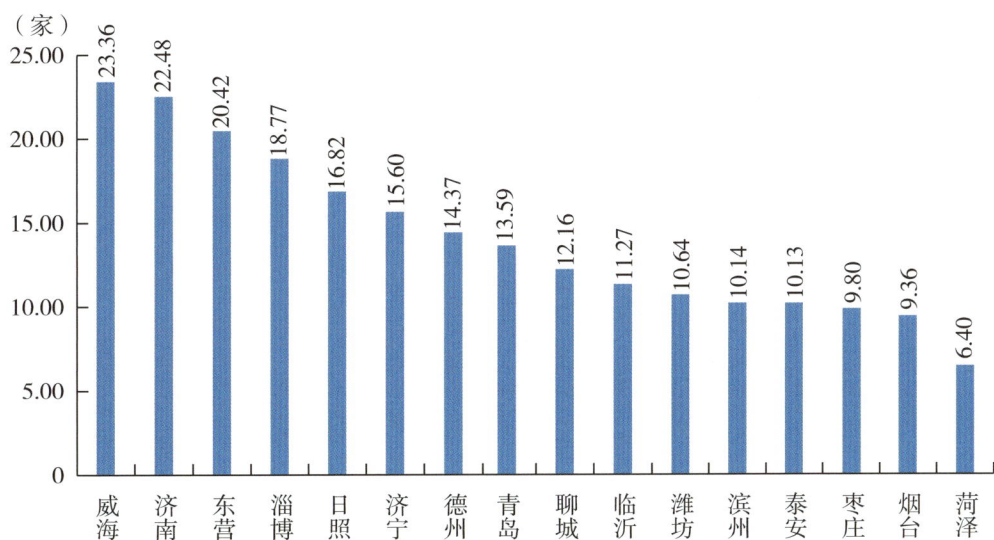

图 2-76　当年指标值与上年指标值之差

（二十三）科学研究和技术服务业平均工资比较系数

2022 年，全省科学研究和技术服务业平均工资比较系数为 125.15%，较上年下降 2.35 个百分点。从各市来看，青岛、烟台、济南 3 个市该指标值高于全省平均水平。与上年相比，德州、日照、滨州、威海、烟台、潍坊、东营 7 个市该指标值实现增长，其余市均出现下降，科研人员的工资待遇水平有待提升（图 2-77 至图 2-79）。

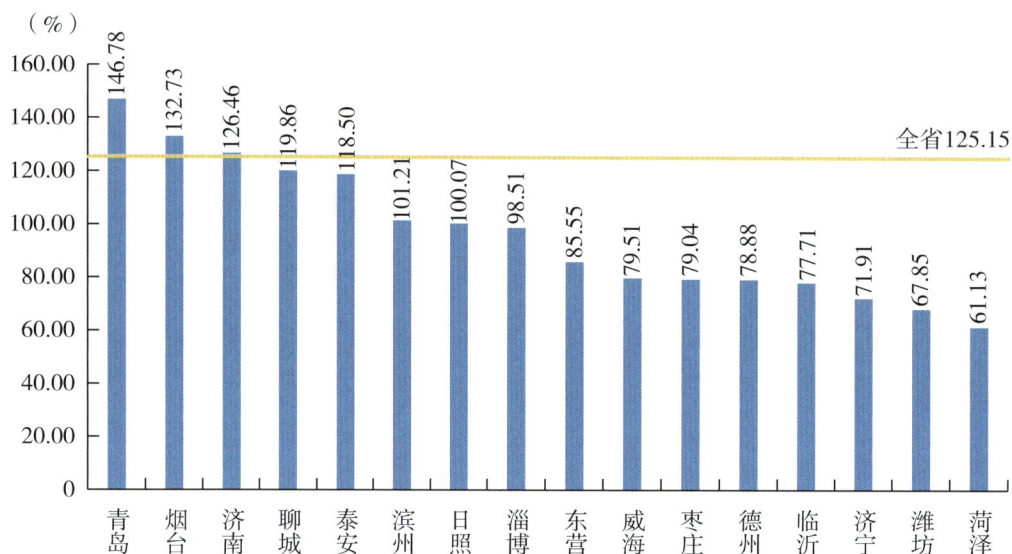

图 2-77　当年指标值

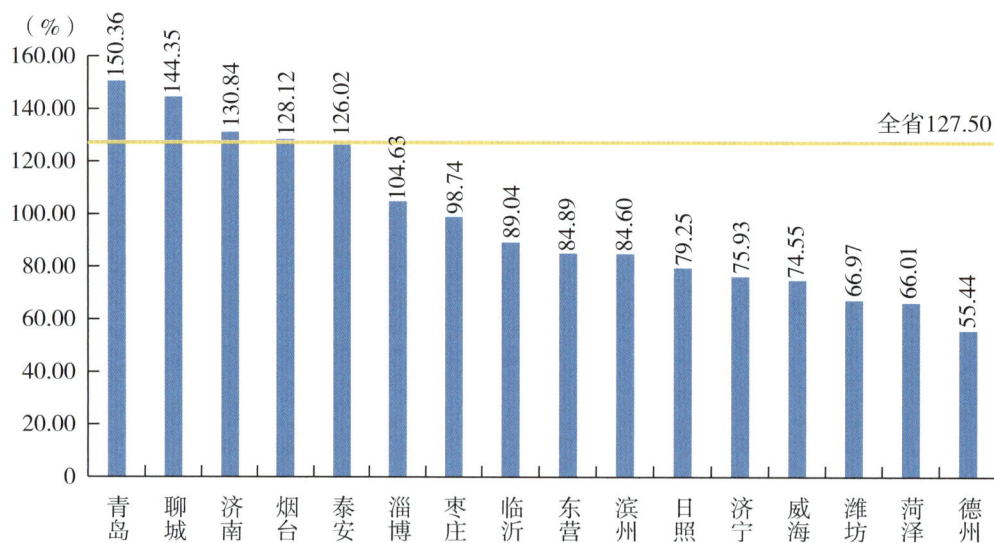

图 2-78　上年指标值

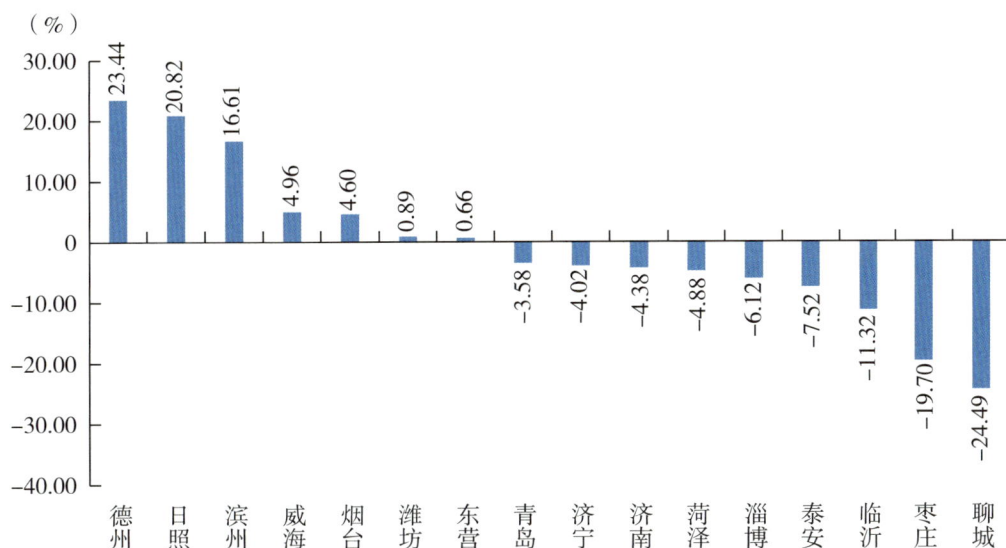

图 2-79　当年指标值与上年指标值之差

（二十四）实际使用外资金额占 GDP 的比重

2022 年，全省实际使用外资金额占 GDP 的比重达 1.76%，较上年提高 0.08 个百分点。从各市来看，青岛、枣庄、威海、烟台、日照 5 个市该指标值高于全省平均水平。与上年相比，除潍坊、青岛、威海 3 个市该指标值下降外，其余市均实现增长（图 2-80 至图 2-82）。

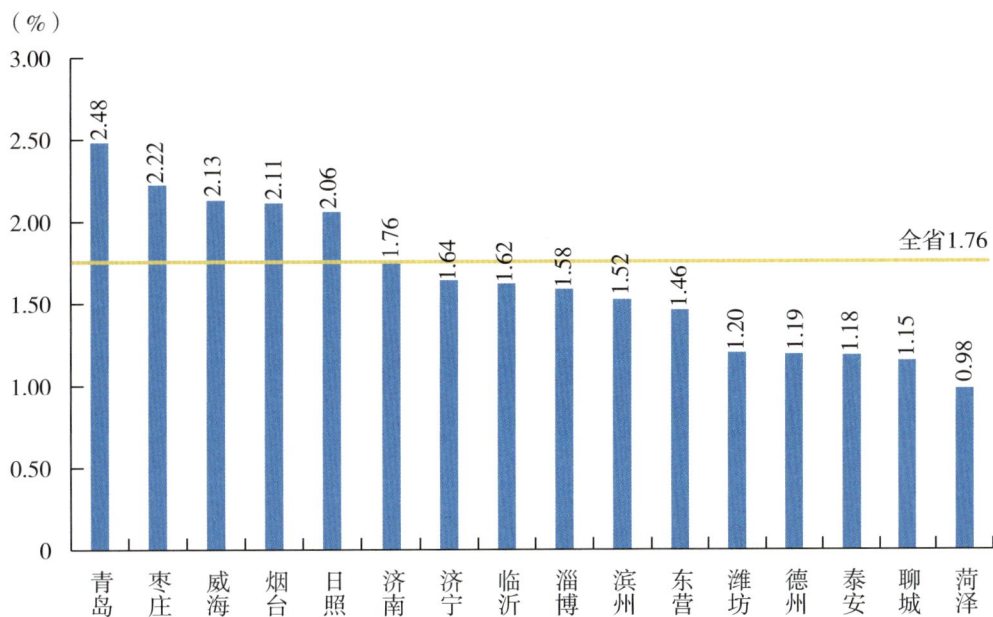

图 2-80　当年指标值

（%）

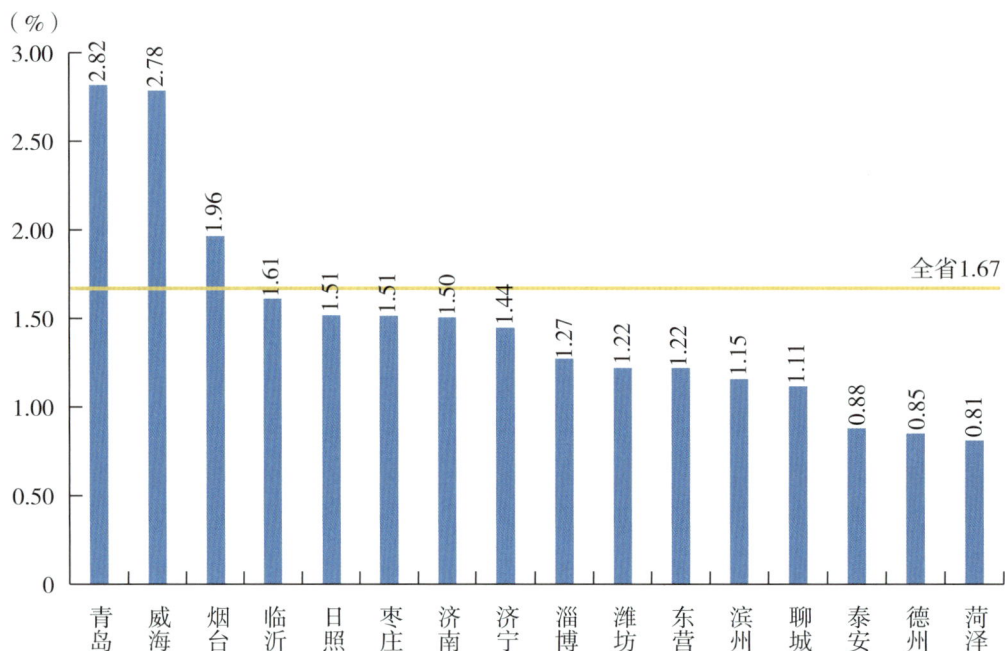

图 2-81　上年指标值

（%）

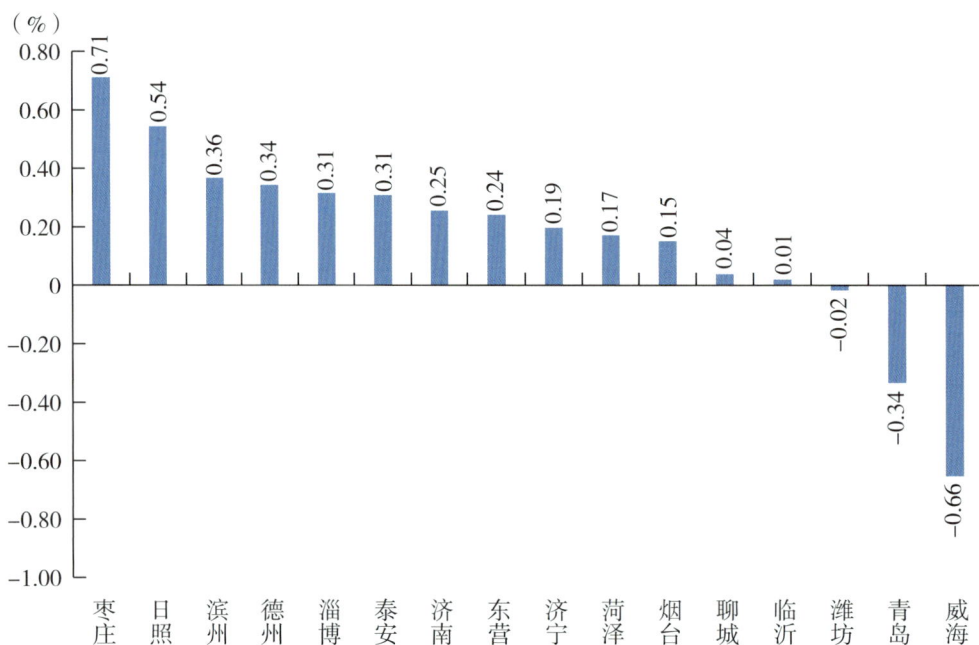

图 2-82　当年指标值与上年指标值之差

（二十五）享受研发费用加计扣除减免税政策的规上工业企业占规上工业企业的比重

2022 年，全省享受研发费用加计扣除减免税政策的规上工业企业占规上工业企业的比重达 22.47%，较上年提高 2.85 个百分点。从各市来看，济南、淄博、青岛、威海、烟台、泰安、济宁 7 个市该指标值高于全省平均水平。与上年相比，16 个市该指标值均较上年有所增长，其中，聊城、济南、烟台、潍坊、泰安、日照、淄博、济宁 8 个市该指标值提高幅度超过全省平均水平（图 2-83 至图 2-85）。

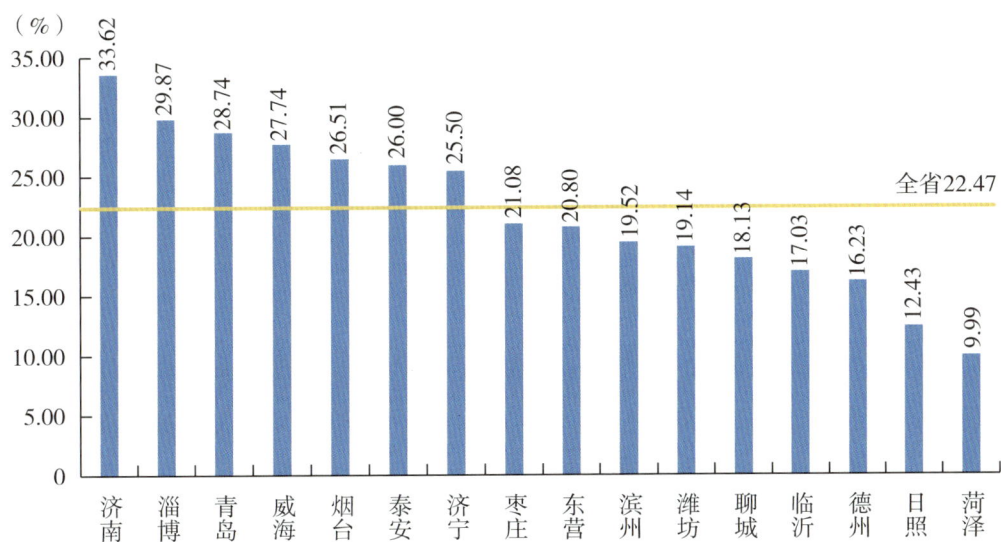

图 2-83 当年指标值

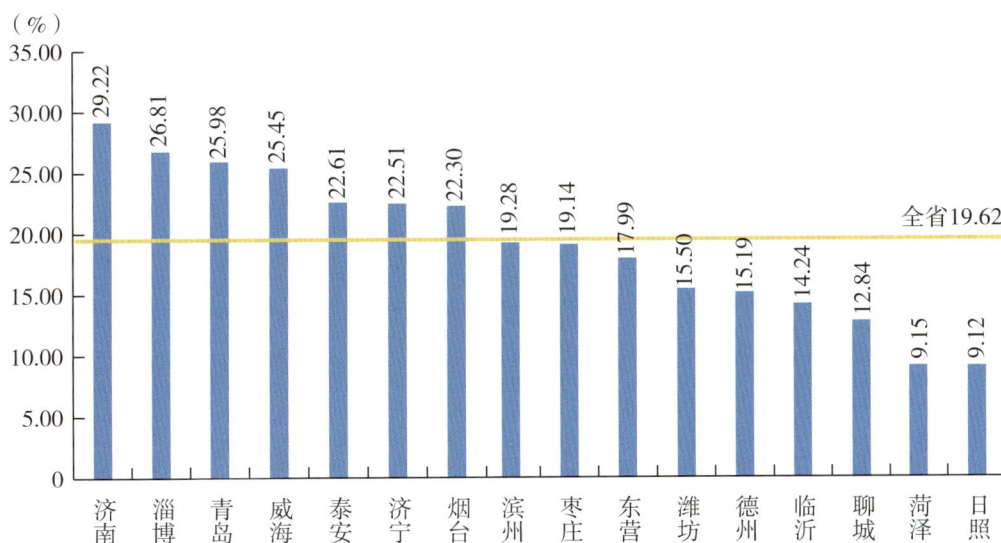

图 2-84 上年指标值

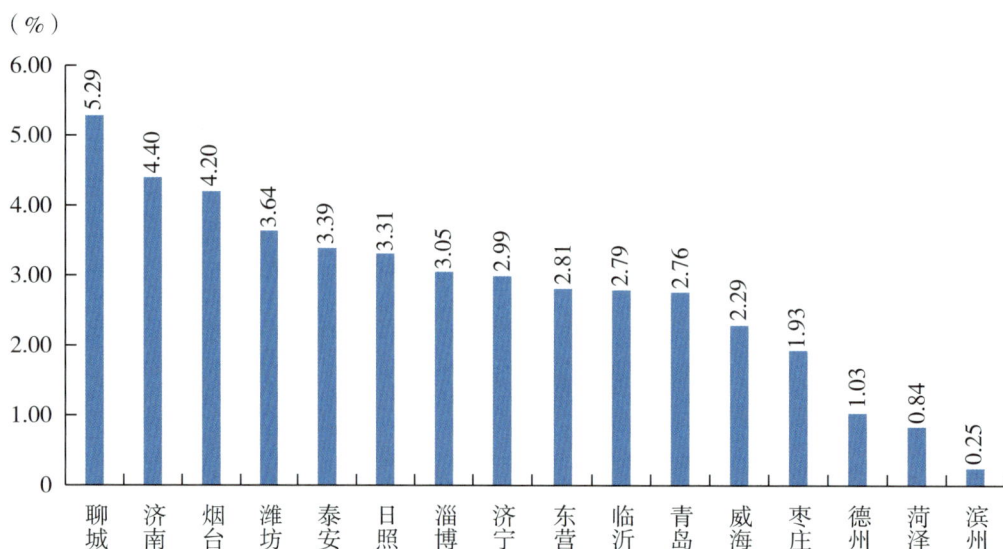

图 2-85　当年指标值与上年指标值之差

（二十六）全员劳动生产率

2022 年，全省全员劳动生产率达 16.41 万元 / 人，较上年增加 1.27 万元 / 人。从各市来看，东营、青岛、济南、烟台、威海、淄博 6 个市该指标值高于全省平均水平，其中，东营、青岛、济南 3 个市该指标值超过 25 万元 / 人。与上年相比，16 个市该指标值均有增长，其中，东营、烟台、青岛、淄博、济南、威海 6 个市该指标值提高幅度超过全省平均水平（图 2-86 至图 2-88）。

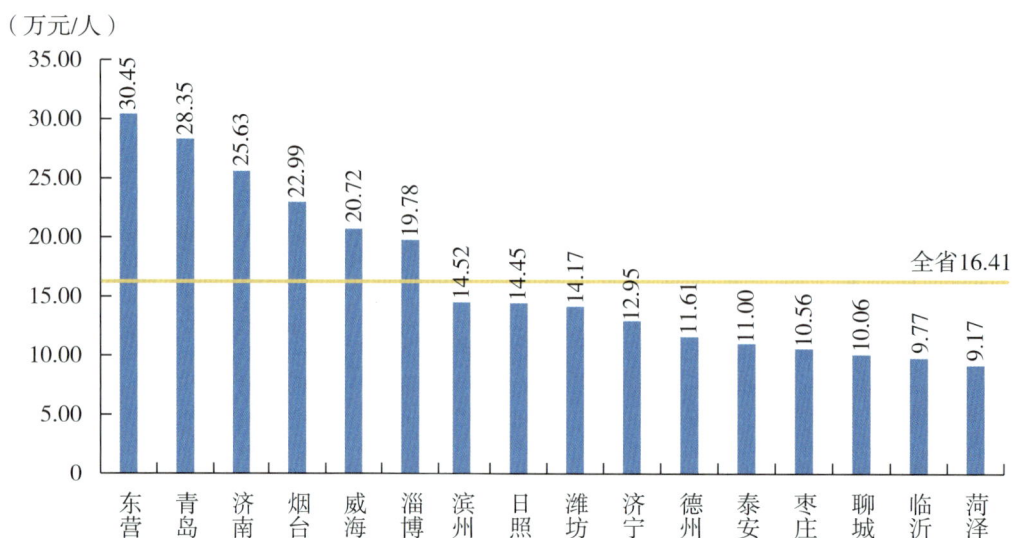

图 2-86　当年指标值

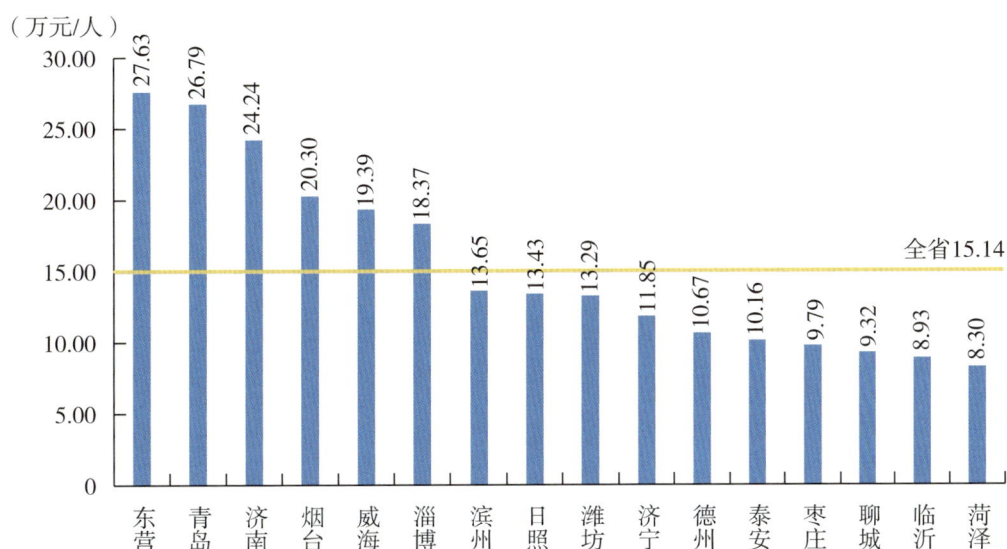

图 2-87　上年指标值

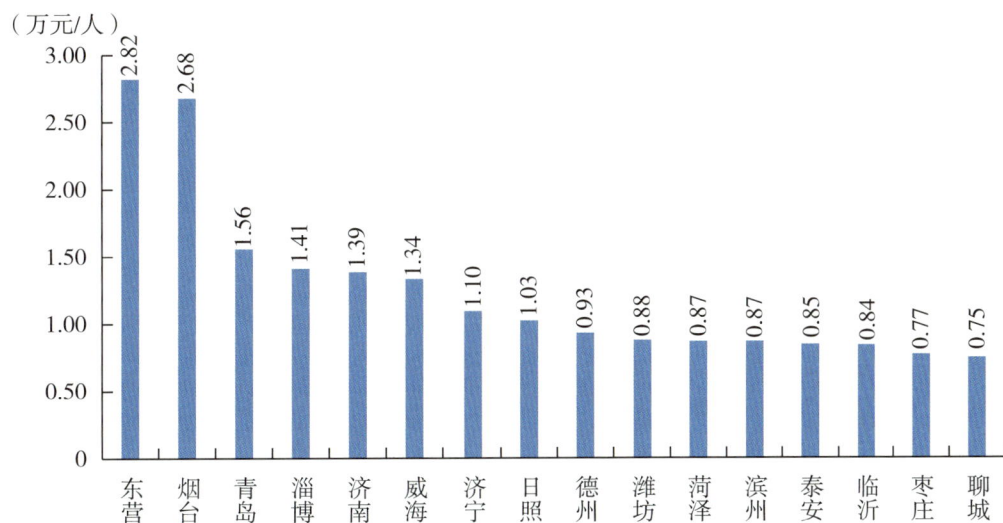

图 2-88　当年指标值与上年指标值之差

（二十七）"四新"经济增加值占 GDP 比重

2022 年，全省"四新"经济增加值占 GDP 比重达 32.90%，较上年提高 1.20 个百分点。从各市来看，济南、滨州、淄博、青岛、聊城、烟台 6 个市该指标值高于全省平均水平。与上年相比，除烟台、威海该指标值略有下降外，其余市该指标值均实现增长，其中，滨州、枣庄、德州、潍坊、聊城、淄博、青岛、济南 8 个市该指标值提高幅度超过全省平均水平（图 2-89 至图 2-91）。

图 2-89　当年指标值

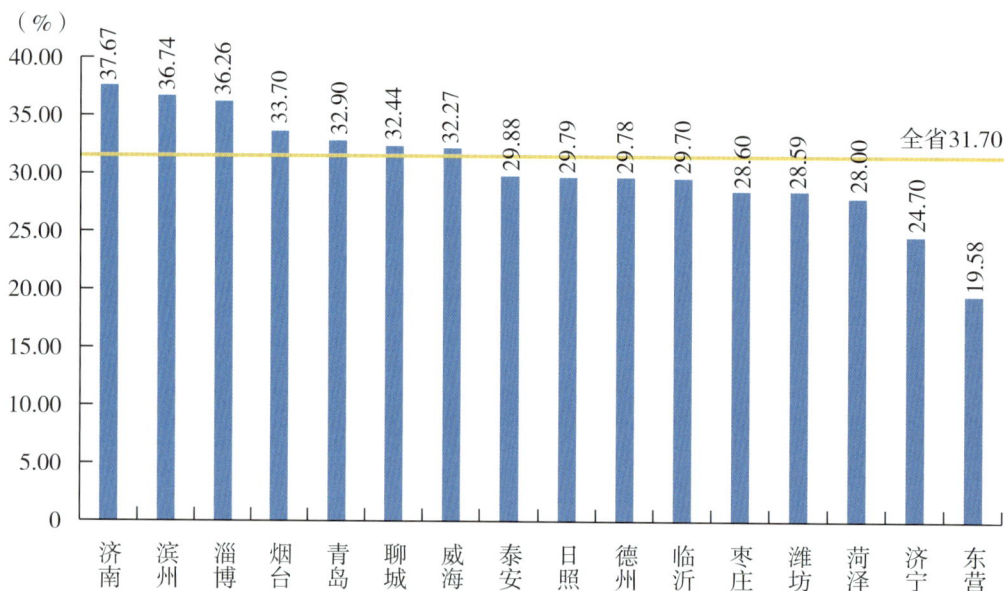

图 2-90　上年指标值

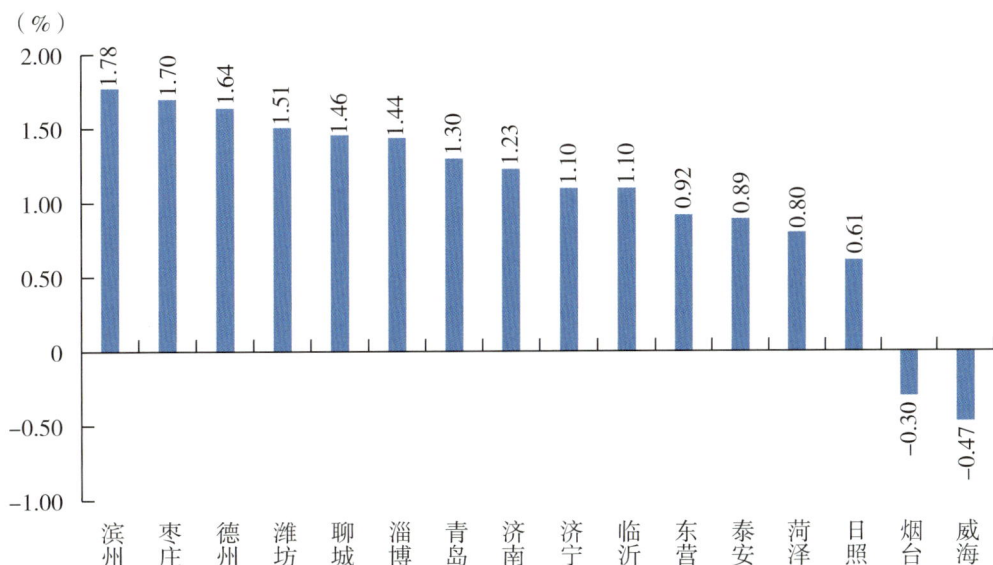

图 2-91 当年指标值与上年指标值之差

（二十八）万元 GDP 综合能耗较上年降低率

2022 年，全省万元 GDP 综合能耗较上年降低率达 3.79%，降幅较上年略有收窄。从各市来看，淄博、德州万元 GDP 综合能耗较上年降低幅度较大，均超过10%。与上年相比，德州、淄博、泰安、枣庄、烟台、潍坊、滨州、菏泽 8 个市该指标值降幅扩大（图 2-92 至图 2-94）。

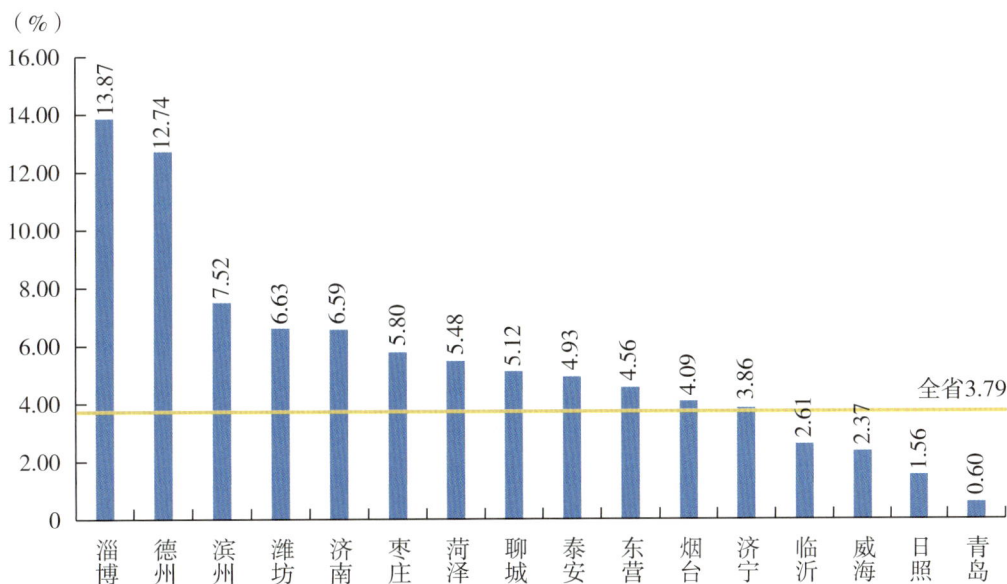

图 2-92 当年指标值

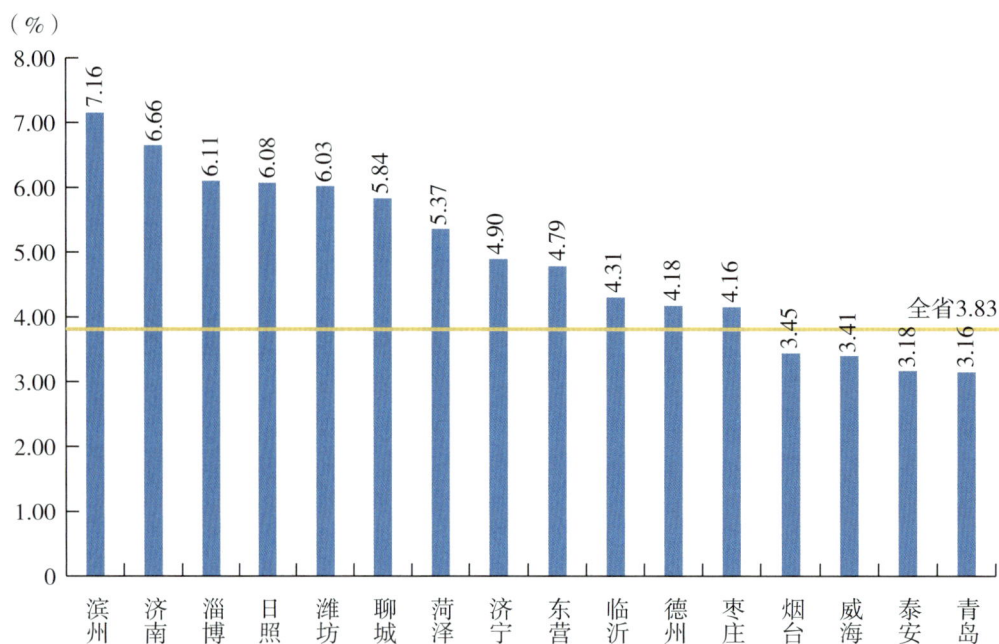

图 2-93 上年指标值

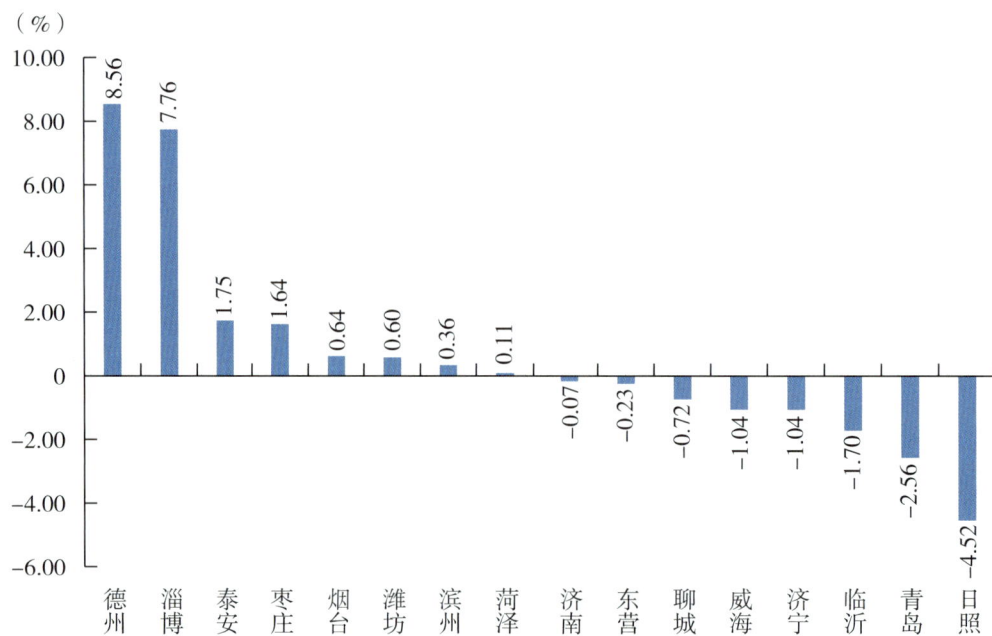

图 2-94 当年指标值与上年指标值之差

第三部分 区域综合科技创新水平分析

一、济南市

（一）科技创新发展情况

1.科技创新总体情况

2022 年，济南市大力实施创新驱动发展战略，着力打造高能级创新平台，加快集聚高端创新要素，全面激发企业和人才创新活力，齐鲁科学城加快规划建设，世界首个"电磁橇"设施成功运行，量子信息科学国家实验室济南基地建设全面推进，新获批全国、省重点实验室各 5 家，新增国家企业技术中心 1 家、省级新型研发机构 14 家，科技创新策源功能不断强化。经综合评价，济南市综合科技创新水平指数为 107.48%，居全省第 2 位，与上年相比，提高了 8.82 个百分点。

图 3-1 为 2022 年济南市一级评价指标指数与上年及全省平均水平比较情况。

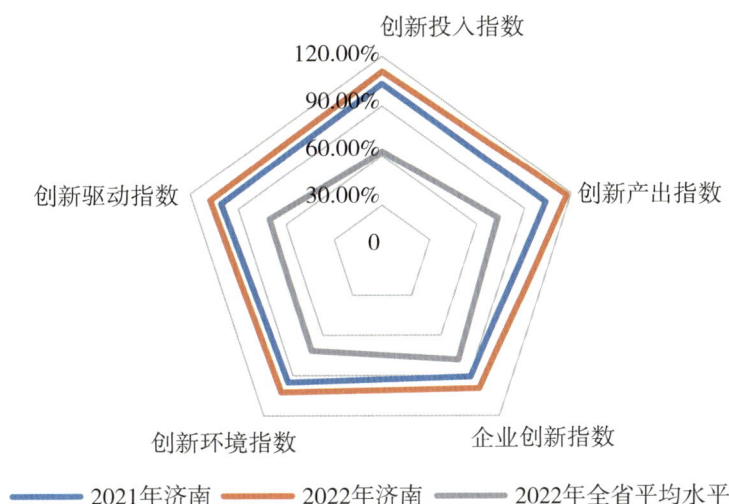

图 3-1　2022 年济南市一级评价指标指数与上年及全省平均水平比较情况

2. 科技创新总体特征

创新产出成效显著。2022 年，济南市创新产出指数为 116.93%，较上年提高 13.48 个百分点，居全省第 2 位。每万人高价值发明专利拥有量较上年增长 4.89 件，增幅居全省首位。每亿元 R&D 经费支出发明专利授权数保持全省第 2 位，核心竞争力增强。每亿元 GDP 技术合同成交额较上年增长 95.64 万元。

创新支撑高质量发展作用进一步增强。2022 年，济南市创新驱动指数为 107.73%，较上年提高 6.98 个百分点，保持全省第 1 位。"四新"经济增加值占 GDP 比重居全省第 1 位，经济发展新动能进一步提升。全员劳动生产率较上年增长 1.39 万元／人。

创新投入增势良好。2022 年，济南市创新投入指数为 111.01%，较上年提高 7.41 个百分点，居全省第 1 位。全社会 R&D 经费支出较上年增长 40.13 亿元[①]，居全省第 2 位。研发人员全时当量较上年增长 1.85 万人年，提高幅度居全省首位，研发人力储备增加。基础研究经费支出占 R&D 经费支出的比重、R&D 人员中研究人员占比较上年略有减少，但仍保持全省第 1 位。

创新环境加速优化。2022 年，济南市创新环境指数为 102.26%，较上年提高 7.35 个百分点，保持全省第 2 位。惠企创新政策落实有力，享受研发费用加计扣除减免税政策的规上工业企业占规上工业企业的比重保持全省第 1 位。高新技术企业队伍不断壮大，每万家企业法人单位中高新技术企业数居第 2 位。实际使用外资金额占 GDP 比重较上年提高 0.25 个百分点，济南作为"一带一路"重要战略支点，深度融入国家对外开放战略，加快打造对外开放新高地。

企业创新进一步增强。2022 年，济南市企业创新指数为 99.41%，较上年提高 8.70 个百分点，居全省第 2 位。每万名规上工业企业 R&D 人员发明专利拥有量增至 6998.79 件，在全省遥遥领先。规上工业企业 R&D 人员占规上工业企业从业人员比重位次提升 3 位。企业研发更加活跃，有研发活动的规上工业企业数较上年增加 245 家。

3. 劣势指标分析

产业转型升级需进一步加快步伐。2022 年，济南市万元 GDP 综合能耗较上年降低率位次下降 3 位。应进一步优化产业结构，促进经济绿色低碳发展。

---

① 数据为精确数计算所得，差额 0.01 因四舍五入产生。余同。

财政科技支出强度下降。2022 年，济南市地方财政科技支出占一般公共预算支出的比重较上年下降 0.88 个百分点，降幅居全省第 2 位。需优化财政支出结构，建立稳定的科技投入机制，确保科技财政的持续性和稳定性。

科研物质条件有待改善。2022 年，济南市科学研究和技术服务业平均工资比较系数较上年减少 4.38 个百分点，每名 R&D 人员仪器和设备支出较上年减少 0.84 万元，降幅全省最大。需进一步提高科研人员福利和工资待遇，优化科技创新资源配置。

企业研发创新能力还需提高。2022 年，济南市有研发活动的规上工业企业占规上工业企业比重居全省 12 位，与其创新实力不符。规上工业企业新产品销售收入占营业收入比重位次下降 10 位，是全省该指标值唯一下降的城市。应加强政策引导与激励，鼓励企业开展研发活动，加大对新产品的研发投入，提高新产品的市场占有率。

（二）创新发展主要指标分析及位次

2022 年，济南市地区生产总值（GDP）为 12 020.73 亿元，居全省第 2 位。全员劳动生产率为 25.63 万元 / 人，居全省第 3 位。万元 GDP 综合能耗较上年降低率为 6.59%，居全省第 5 位。

研发人员全时当量为 80 397.40 人年，居全省第 2 位。每万名就业人员中研发人员数为 171.42 人年，居全省第 2 位。R&D 人员中研究人员占比为 51.79%，居全省首位。规上工业企业 R&D 人员占规上工业企业从业人员比重为 12.40%，位次跃升至全省第 3 位。

全社会 R&D 经费支出 346.84 亿元，较上年增长 13.09%，占 GDP 比重为 2.89%，较上年提高 0.20 个百分点，占比位次保持全省第 6 位。基础研究经费支出 29.93 亿元，居全省第 1 位。地方财政科技支出为 28.24 亿元，较上年减少 12.94 亿元。规上工业企业 R&D 经费支出为 185.82 亿元，居全省第 2 位。

高新技术企业数 5777 家，较上年增加 1380 家，增量居全省第 1 位。每万家企业法人单位中高新技术企业数 133.22 家，居全省第 2 位。有研发活动的规上工业企业数为 1224 家，居全省第 5 位。规上高新技术产业产值占规上工业产值比重为 56.41%，居全省第 6 位，较上年提高 1.66 个百分点。"四新"经济增加值占 GDP 比重为 38.90%，居全省首位。

每万人高价值发明专利拥有量为 17.62 件，居全省第 2 位。每亿元 R&D 经费支出发明专利授权数为 34.17 件，居全省第 2 位。规上工业企业发明专利拥有量为 24 956 件，居全省第 2 位。万名研究人员科技论文数为 9360.59 篇，居全省第 2 位。登记技术合同成交额 613.64 亿元，较上年增长 29.60%。

每名 R&D 人员仪器和设备支出为 2.87 万元，居全省第 5 位。科学研究和技术服务业平均工资比较系数为 126.46%，保持全省第 3 位。实际使用外资金额 31.37 亿美元，占 GDP 比重为 1.76%，比上年提高 0.25 个百分点。

（三）产业发展情况

2022 年，济南市三次产业发展结构优化向好。农业生产稳中有升，工业生产回升向好，服务业生产稳步恢复。

动能转换提速增效，产业结构优化升级。新经济加速壮大，创新驱动、智能制造、数字赋能成为加快转型、提升竞争力的核心要素。"四新"经济增加值达到 4683.7 亿元，占 GDP 比重提高 1.23 个百分点，"四新"经济投资增长 16.8%。高技术制造提档升级，2022 年，济南市规上高技术制造业实现增加值同比增长 11.1%、营业收入增长 18.2%，分别领先规上工业平均 9.5 个百分点、22.3 个百分点。重点种类行业中，中药饮品加工增加值增长 16.1%，中成药生产增加值增长 24.6%，医疗仪器设备及器械制造增加值增长 22.7%，化学药品制造增加值增长 19.7%。

当前，受宏观经济环境、疫情冲击、产业结构等因素影响，对标高质量发展要求，济南市经济仍然面临不少问题和挑战，传统产业式微、需求紧缩、预期转弱等问题仍需重点关注。

今后，应聚焦经济发展新增长点，大力培育发展新动能。充分挖掘传统产业优势，加大工业技改支持力度，积极引导企业抓住时机，创新产品和服务，重构产业链条，实现产品由低附加值向高附加值转变。加快培育高端装备、新一代信息技术、生物制药等战略性新兴产业，加快新旧动能转换，实现产业结构迭代升级。

表 3-1 为 2022 年济南市科技创新重点指标值与上年比较情况。

表 3-1 2022 年济南市科技创新重点指标值与上年比较情况

指标名称	指标值		排名	
	2021 年	2022 年	2021 年	2022 年
全社会 R&D 经费支出（亿元）	306.70	346.84	2	2
全社会 R&D 经费支出占 GDP 比重（%）	2.69	2.89	6	6
地方财政科技支出占一般公共预算支出的比重（%）	3.19	2.30	3	5
基础研究经费支出占 R&D 经费支出的比重（%）	8.72	8.63	1	1
研发人员全时当量（人年）	61 894.08	80 397.40	2	2
每万名就业人员中研发人员数（人年）	131.47	171.42	3	2
R&D 人员中研究人员占比（%）	56.05	51.79	1	1
每亿元 GDP 技术合同成交额（万元）	414.84	510.48	5	4
每万人高价值发明专利拥有量（件）	12.73	17.62	2	2
万名研究人员科技论文数（篇）	10 703.87	9360.59	1	2
每亿元 R&D 经费支出发明专利授权数（件）	26.76	34.17	2	2
规上高新技术产业产值占规上工业产值比重（%）	54.75	56.41	5	6
规上工业企业 R&D 经费支出占营业收入的比重（%）	2.01	2.22	4	4
规上工业企业 R&D 人员占规上工业企业从业人员比重（%）	10.50	12.40	6	3
有研发活动的规上工业企业数（家）	979	1224	7	5
有研发活动的规上工业企业占规上工业企业比重（%）	38.50	45.93	12	12
规上工业企业新产品销售收入（亿元）	3089.34	2981.59	3	5
规上工业企业新产品销售收入占营业收入比重（%）	36.38	35.62	2	12
每万名规上工业企业 R&D 人员发明专利拥有量（件）	6835.58	6998.79	1	1
每名 R&D 人员仪器和设备支出（万元）	3.71	2.87	3	5
高新技术企业数（家）	4397	5777	2	2
每万家企业法人单位中高新技术企业数（家）	110.74	133.22	1	2
科学研究和技术服务业平均工资比较系数（%）	130.84	126.46	3	3
实际使用外资金额占 GDP 比重（%）	1.50	1.76	7	6
享受研发费用加计扣除减免税政策的规上工业企业占规上工业企业的比重（%）	29.22	33.62	1	1
全员劳动生产率（万元/人）	24.24	25.63	3	3
"四新"经济增加值占 GDP 比重（%）	37.67	38.90	1	1
万元 GDP 综合能耗较上年降低率（%）	6.66	6.59	2	5

二、青岛市

（一）科技创新发展情况

1. 科技创新总体情况

2022 年，青岛市创新能力显著增强。家电领域全国唯一的国家级制造业创新中心——国家高端智能化家用电器创新中心获批建设，中国科学院海洋大科学研究中心、中国海洋工程研究院（青岛）投入运行。"吸气式发动机关键部件热物理试验装置项目"入选国家重大科技基础设施，国家创新平台建设实现突破。新建省级以上技术创新中心 8 家，新增国家科技型中小企业 1031 家、国家级专精特新"小巨人"企业 50 家、制造业单项冠军企业 9 家。世界知识产权组织《全球创新指数 2023》全球百强科技集群榜单中，青岛全球位次跃升至第 23 位。经综合评价，青岛市综合科技创新水平指数为 108.36%，居全省第 1 位，与上年相比，提高了 8.06 个百分点。

图 3-2 为 2022 年青岛市一级评价指标指数与上年及全省平均水平比较情况。

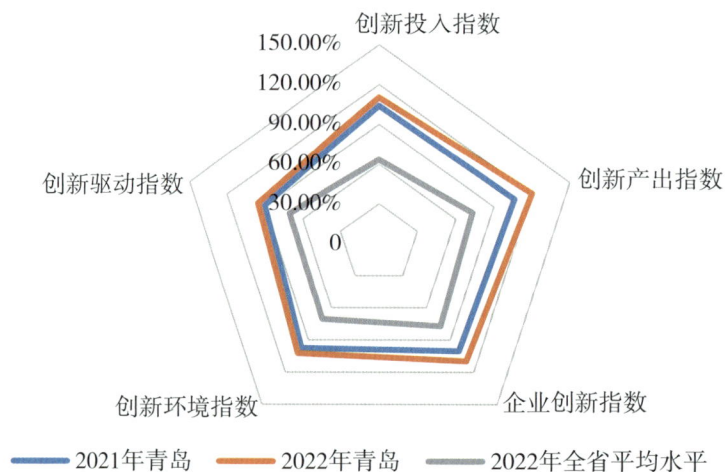

图 3-2　2022 年青岛市一级评价指标指数与上年及全省平均水平比较情况

2. 科技创新总体特征

创新产出成效明显。2022 年，青岛市创新产出指数为 120.37%，较上年提高 13.89 个百分点，居全省第 1 位。每万人高价值发明专利拥有量、每亿元 R&D 经费支出发明专利授权数均保持全省第 1 位，核心竞争力增强。规上高新技术产业产值占规上工业产值比重达 62.18%，居全省第 3 位，产业结构更趋优化。万名研究人员科技论文数达 10 456.59 篇，跃升至全省第 1 位。

企业创新稳步提高。2022 年，青岛市企业创新指数为 110.72%，较上年提高 9.47 个百分点，居全省第 1 位。有研发活动的规上工业企业数、规上工业企业新产品销售收入均保持全省第 1 位。企业专利产出增加，每万名规上工业企业 R&D 人员发明专利拥有量较上年增长 197.04 件。

创新投入优势显著。2022 年，青岛市创新投入指数为 109.68%，较上年提高 6.30 个百分点，居全省第 2 位。全社会 R&D 经费支出达 400.18 亿元，居全省第 1 位；全社会 R&D 经费支出占 GDP 比重较上年提高 0.16 个百分点。研发人员全时当量及每万名就业人员中研发人员数均居全省首位，研发人力资源丰富。

创新支撑高质量发展作用持续扩大。2022 年，青岛市创新驱动指数为 95.51%，较上年提高 5.21 个百分点，保持全省第 2 位。经济活力提升，全员劳动生产率较上年增长 1.56 万元 / 人，"四新" 经济增加值占 GDP 比重位次提升至全省第 4 位。

创新环境更趋优化。2022 年，青岛市创新环境指数为 103.36%，较上年提高 4.85 个百分点，保持全省第 1 位。营商环境持续优化，实际使用外资金额占 GDP 比重保持全省第 1 位。高新技术企业数保持全省首位，科技型企业发展壮大。科研环境持续改善，赋予科研单位和人员更大自主权，科研人员薪酬激励力度加大。

3. 劣势指标分析

技术市场活力仍需提升。2022 年，青岛市每亿元 GDP 技术合同成交额仅排名全省第 14 位，与其创新实力不符。应加大政策的支持，提高市场主体的技术交易能力，鼓励更多的企业和机构参与技术交易。

基础研究投入仍需加大。2022 年，青岛市基础研究经费支出占 R&D 经费支出的比重较上年下降 0.35 个百分点。应稳步增加对基础研究的投入，引导企业、高校、科研院所及社会资本加大对基础研究的支持，提升区域原始创新能力。

政府资金对科技的支撑力度仍需增强。地方财政科技支出占一般公共预算支出的比重较上年下降 0.09 个百分点。应通过优化财政支出结构，确保科技支出在财政支出中的稳定增长。

科研物质条件有待改善。2022 年，青岛市每名 R&D 人员仪器和设备支出较上年减少 0.18 万元，位次下降 4 位。需进一步整合高校、科研院所科技设施与科研仪器资源，提高科研仪器和设备利用效率。

（二）创新发展主要指标分析及位次

2022 年，青岛市地区生产总值（GDP）为 14 968.32 亿元，居全省第 1 位。全员劳动生产率为 28.35 万元 / 人，居全省第 2 位。万元 GDP 综合能耗较上年降低率为 0.60%，居全省末位。

研发人员全时当量为 95 468.10 人年，居全省第 1 位。每万名就业人员中研发人员数为 180.81 人年，居全省第 1 位。R&D 人员中研究人员占比为 44.91%，居全省第 2 位。规上工业企业 R&D 人员占规上工业企业从业人员比重为 12.24%，居全省第 4 位。

全社会 R&D 经费支出 400.18 亿元，较上年增长 12.79%，占 GDP 比重为 2.67%，较上年提高 0.16 个百分点，占比居全省第 7 位。基础研究经费支出 26.19 亿元，居全省第 2 位。地方财政科技支出为 49.48 亿元，较上年减少 1.84 亿元。规上工业企业 R&D 经费支出为 256.88 亿元，居全省第 1 位。

高新技术企业数 6680 家，较上年增加 1126 家，增量居全省第 2 位。每万家企业法人单位中高新技术企业数 119.27 家，居全省第 3 位。有研发活动的规上工业企业数为 2574 家，居全省第 1 位。规上高新技术产业产值占规上工业产值比重为 62.18%，居全省第 3 位，较上年提高 1.73 个百分点。"四新"经济增加值占 GDP 比重为 34.20%，居全省第 4 位。

每万人高价值发明专利拥有量为 18.46 件，居全省第 1 位。每亿元 R&D 经费支出发明专利授权数为 36.29 件，居全省第 1 位。规上工业企业发明专利拥有量为 29 177 件，居全省第 1 位。万名研究人员科技论文数为 10 456.59 篇，居全省第 1 位。登记技术合同成交额 395.25 亿元，较上年增长 23.47%。

每名 R&D 人员仪器和设备支出为 2.39 万元，位次降至全省第 8 位。科学研究和技术服务业平均工资比较系数为 146.78%，保持全省第 1 位。实际使用外资金额 55.15 亿美元，占 GDP 比重为 2.48%，比上年降低 0.34 个百分点。

（三）产业发展情况

2022 年，青岛市三次产业发展稳中向好。农业经济总体良好，工业生产平稳增长，服务业较快增长。

动能转换加速突破。新动能继续发挥引领作用，战略性新兴产业投资、高技术产业投资分别增长 18.3%、36.2%。全年"四新"经济增加值快速增长,"四新"经济投资增长 20.8%,占全部投资的比重为 58.2%。高技术制造业增加值比上年增长 17.3%,占规模以上工业的比重为 11.6%,比上年提高 1.4 个百分点。工业战略性新兴产业增加值增长 10.6%,占规模以上工业的比重为 29.5%,比上年提高 5.0 个百分点。生产性服务业增加值比上年增长 6.5%,占全市生产总值的比重为 36.7%,现代服务业增加值增长 3.7%,占全市生产总值的比重为 28.8%。

当前,青岛市经济从总体上延续恢复态势,但恢复的基础尚不牢固,需求收缩、供给冲击、预期转弱三重压力仍然较大,工业、服务业、投资等重点行业发展仍然面临较大压力。

今后,应推动优势产业扩能升级。增强智能家电、轨道交通装备、新能源汽车、高端化工、海洋装备、食品饮料、纺织服装等优势产业核心竞争力,提升企业国际化发展水平,加快建设世界一流的国际化企业,争创国家制造业高质量发展试验区。

表 3-2 为 2022 年青岛市科技创新重点指标值与上年比较情况。

表 3-2　2022 年青岛市科技创新重点指标值与上年比较情况

指标名称	指标值		排名	
	2021 年	2022 年	2021 年	2022 年
全社会 R&D 经费支出（亿元）	354.79	400.18	1	1
全社会 R&D 经费支出占 GDP 比重（%）	2.51	2.67	7	7
地方财政科技支出占一般公共预算支出的比重（%）	3.01	2.92	4	2
基础研究经费支出占 R&D 经费支出的比重（%）	6.90	6.54	2	2
研发人员全时当量（人年）	83 262.88	95 468.10	1	1
每万名就业人员中研发人员数（人年）	157.78	180.81	1	1
R&D 人员中研究人员占比（%）	45.40	44.91	2	2
每亿元 GDP 技术合同成交额（万元）	226.45	264.06	13	14
每万人高价值发明专利拥有量（件）	14.59	18.46	1	1
万名研究人员科技论文数（篇）	10 548.97	10 456.59	2	1
每亿元 R&D 经费支出发明专利授权数（件）	28.78	36.29	1	1
规上高新技术产业产值占规上工业产值比重（%）	60.45	62.18	2	3
规上工业企业 R&D 经费支出占营业收入的比重（%）	1.99	2.09	5	5
规上工业企业 R&D 人员占规上工业企业从业人员比重（%）	11.59	12.24	2	4
有研发活动的规上工业企业数（家）	2206	2574	1	1
有研发活动的规上工业企业占规上工业企业比重（%）	51.54	55.80	7	9
规上工业企业新产品销售收入（亿元）	3867.63	4506.08	1	1
规上工业企业新产品销售收入占营业收入比重（%）	33.51	36.70	4	9
每万名规上工业企业 R&D 人员发明专利拥有量（件）	4727.00	4924.05	2	2
每名 R&D 人员仪器和设备支出（万元）	2.57	2.39	4	8
高新技术企业数（家）	5554	6680	1	1
每万家企业法人单位中高新技术企业数（家）	105.68	119.27	3	3
科学研究和技术服务业平均工资比较系数（%）	150.36	146.78	1	1
实际使用外资金额占 GDP 比重（%）	2.82	2.48	1	1
享受研发费用加计扣除减免税政策的规上工业企业占规上工业企业的比重（%）	25.98	28.74	3	3
全员劳动生产率（万元 / 人）	26.79	28.35	2	2
"四新"经济增加值占 GDP 比重（%）	32.90	34.20	5	4
万元 GDP 综合能耗较上年降低率（%）	3.16	0.60	16	16

三、淄博市

（一）科技创新发展情况

1. 科技创新总体情况

2022 年，淄博市牢牢把握科技创新服务产业发展的工作定位，全面提升科技服务产业的引领力、支撑力和政策供给力。不断优化创新生态，先后出台《关于促进科学研究和技术服务业高质量发展的措施》《关于进一步强化质效管理优化科技资源配置的实施意见》等文件，入围国家创新型城市行列。淄博绿色化工与功能材料山东省实验室正式获省政府批复建设，获批省级以上科技创新平台达到 448 家。经综合评价，淄博市综合科技创新水平指数为 72.65%，居全省第 4 位，与上年相比，提高了 6.71 个百分点。

图 3-3 为 2022 年淄博市一级评价指标指数与上年及全省平均水平比较情况。

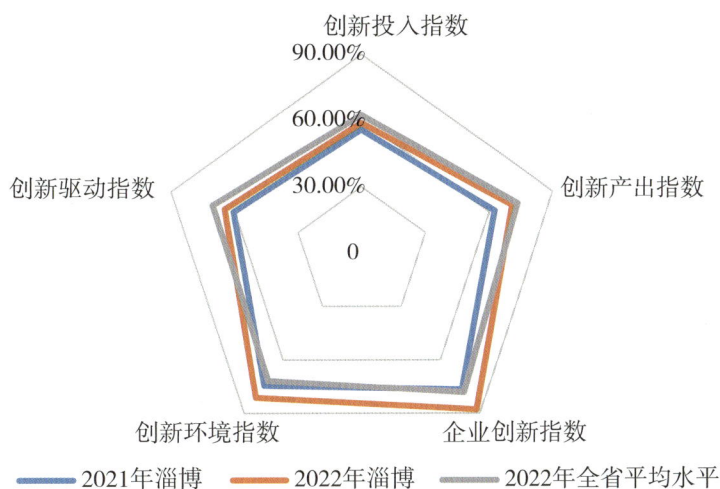

图 3-3　2022 年淄博市一级评价指标指数与上年及全省平均水平比较情况

2. 科技创新总体特征

企业创新能力不断增强。2022 年，淄博市企业创新指数为 87.61%，较上年提高 11.12 个百分点，居全省第 5 位。规上工业企业新产品销售收入占营业收入比重较上年提高 12.49 个百分点，跃居至全省第 3 位。企业专利产出提升，每万名规上工业企业 R&D 人员发明专利拥有量较上年增长 711.96 件。企业研发活跃，有研发活动的规上工业企业占规上工业企业比重达 56.66%，居全省第 4 位。

创新产出增势平稳。2022 年，淄博市创新产出指数为 70.62%，较上年提高 8.13 个百分点，居全省第 4 位。技术交易活跃，每亿元 GDP 技术合同成交额达 696.09 万元。专利实力和竞争力增强，每万人高价值发明专利拥有量较上年增长 2.61 件，每亿元 R&D 经费支出发明专利授权数排名提升 2 位。

创新环境逐步优化。2022 年，淄博市创新环境指数为 80.97%，较上年提高 6.61 个百分点，居全省第 3 位。每名 R&D 人员仪器和设备支出达 4.15 万元，保持全省首位。普惠性政策得到有效落实，享受研发费用加计扣除减免税政策的规上工业企业占规上工业企业的比重居全省第 2 位。高新技术企业培育扎实推进，每万家企业法人单位中高新技术企业数较上年增长 18.77 家。

创新支撑高质量发展力度进一步加大。2022 年，淄博市创新驱动指数为 64.89%，较上年提高 4.22 个百分点，居全省第 6 位。绿色低碳减排持续，万元 GDP 综合能耗较上年降低率排名居全省首位。"四新"经济增加值占 GDP 比重保持全省第 3 位，新经济发展为经济增长带来新活力、新动能。

创新投入不断增强。2022 年，淄博市创新投入指数为 59.08%，较上年提高 3.12 个百分点，居全省第 5 位。研发经费投入力度不断增大，全社会 R&D 经费支出及占 GDP 比重排名分别居全省第 6 位及第 5 位，基础研究经费支出占 R&D 经费支出的比重较上年提高 0.76 个百分点。

3. 劣势指标分析

财政科技支出下降。2022 年，淄博市地方财政科技支出及占一般公共预算支出的比重较上年均出现下降。需优化财政支出结构，增加对科技创新和研发活动的投入，通过政策引导，鼓励社会资本投入科技创新领域。

科研人员待遇降低。科学研究和技术服务业平均工资比较系数排名下降 2 位。应提高科研项目经费，为科研人员提供更好的研究条件和设备，设立绩效奖金、津贴等激励机制，鼓励科研人员产出更多成果。

科技论文数量下降。万名研究人员科技论文数较上年下降 839.25 篇。应提供稳定且充足的科研资金支持，建立和完善科研基础设施，优化科研管理流程，支持研究人员的科研工作。

（二）创新发展主要指标分析及位次

2022 年，淄博市地区生产总值（GDP）为 4387.49 亿元，居全省第 7 位。全员劳动生产率为 19.78 万元 / 人，居全省第 6 位。万元 GDP 综合能耗较上年降低率为 13.87%，居全省首位。

研发人员全时当量为 32 514.90 人年，居全省第 5 位。每万名就业人员中研发人员数为 146.60 人年，居全省第 4 位。R&D 人员中研究人员占比为 30.21%，居全省第 7 位。规上工业企业 R&D 人员占规上工业企业从业人员比重为 12.61%，居全省第 2 位。

全社会 R&D 经费支出 129.39 亿元，较上年增长 8.34%，占 GDP 比重为 2.95%，较上年提高 0.08 个百分点，占比排名保持全省第 5 位。基础研究经费支出 2.94 亿元，居全省第 7 位。地方财政科技支出为 7.30 亿元，较上年减少 3.23 亿元。规上工业企业 R&D 经费支出为 111.04 亿元，居全省第 6 位。

高新技术企业数 1376 家，居全省第 7 位，较上年增加 351 家。每万家企业法人单位中高新技术企业数 94.65 家，居全省第 4 位。有研发活动的规上工业企业数为 1144 家，居全省第 6 位。规上高新技术产业产值占规上工业产值比重为 48.42%，居全省第 8 位，较上年提高 1.29 个百分点。"四新"经济增加值占 GDP 比重为 37.70%，居全省第 3 位。

每万人高价值发明专利拥有量为 7.46 件，居全省第 6 位。每亿元 R&D 经费支出发明专利授权数为 15.98 件，居全省第 9 位。规上工业企业发明专利拥有量为 8648 件，居全省第 5 位。万名研究人员科技论文数为 4084.93 篇，居全省第 6 位。登记技术合同成交额 305.41 亿元，较上年增长 21.38%。

每名 R&D 人员仪器和设备支出为 4.15 万元，保持全省第 1 位。科学研究和技术服务业平均工资比较系数为 98.51%，居全省第 8 位。实际使用外资金额 10.32 亿美元，占 GDP 比重为 1.58%，较上年提高 0.31 个百分点。

（三）产业发展情况

2022 年，淄博市经济运行稳中向好，生产供给支撑有力。农业基础地位更加稳固，工业运行平稳有序，医药制造业、有色金属冶炼和压延加工业、化学原料和化学制造业等行业保持快速发展，服务业生产经营回稳向好。

动能转换提速增效。新兴产业加速发展壮大，规模以上高技术制造业增加值增长 11.3%，电气机械和器材制造业，汽车制造业，计算机、通信和其他电子设备制造业增加值快速增长。新增省级"专精特新"中小企业 157 家、国家级"小巨人"企业 40 家，2 家企业入选"中国企业 500 强"，8 家入选"中国制造业企业 500 强"。

当前，淄博市工业运行面临较大压力，企业盈利能力较弱，产业机构有待优化。

今后，应持续加快新动能培育力度。深化"工赋淄博"，积极构建现代化产业体系，助力石油化工、机械制造、纺织服装、陶瓷建材等传统产业迈向中高端。推进新一代信息技术与制造业深度融合，做大做强氢能、光伏、储能等新能源制造业，逐步放大新能源汽车、微机电系统等产业优势，打造具有核心竞争力的新兴产业基地。

表 3-3 为 2022 年淄博市科技创新重点指标值与上年比较情况。

表 3-3 2022 年淄博市科技创新重点指标值与上年比较情况

指标名称	指标值		排名	
	2021 年	2022 年	2021 年	2022 年
全社会 R&D 经费支出（亿元）	119.43	129.39	5	6
全社会 R&D 经费支出占 GDP 比重（%）	2.86	2.95	5	5
地方财政科技支出占一般公共预算支出的比重（%）	2.01	1.39	7	10
基础研究经费支出占 R&D 经费支出的比重（%）	1.52	2.28	9	8
研发人员全时当量（人年）	31 029.98	32 514.90	5	5
每万名就业人员中研发人员数（人年）	136.71	146.60	2	4
R&D 人员中研究人员占比（%）	31.03	30.21	7	7
每亿元 GDP 技术合同成交额（万元）	603.52	696.09	1	1
每万人高价值发明专利拥有量（件）	4.85	7.46	5	6
万名研究人员科技论文数（篇）	4924.18	4084.93	6	6
每亿元 R&D 经费支出发明专利授权数（件）	11.63	15.98	11	9
规上高新技术产业产值占规上工业产值比重（%）	47.13	48.42	8	8
规上工业企业 R&D 经费支出占营业收入的比重（%）	1.67	1.70	7	9
规上工业企业 R&D 人员占规上工业企业从业人员比重（%）	12.30	12.61	1	2
有研发活动的规上工业企业数（家）	1042	1144	6	6
有研发活动的规上工业企业占规上工业企业比重（%）	53.22	56.66	6	4
规上工业企业新产品销售收入（亿元）	1701.60	2639.33	7	7
规上工业企业新产品销售收入占营业收入比重（%）	28.03	40.52	10	3
每万名规上工业企业 R&D 人员发明专利拥有量（件）	2552.71	3264.67	5	4
每名 R&D 人员仪器和设备支出（万元）	4.20	4.15	1	1
高新技术企业数（家）	1025	1376	7	7
每万家企业法人单位中高新技术企业数（家）	75.89	94.65	4	4
科学研究和技术服务业平均工资比较系数（%）	104.63	98.51	6	8
实际使用外资金额占 GDP 比重（%）	1.27	1.58	9	9
享受研发费用加计扣除减免税政策的规上工业企业占规上工业企业的比重（%）	26.81	29.87	2	2
全员劳动生产率（万元／人）	18.37	19.78	6	6
"四新"经济增加值占 GDP 比重（%）	36.26	37.70	3	3
万元 GDP 综合能耗较上年降低率（%）	6.11	13.87	3	1

四、枣庄市

（一）科技创新发展情况

1. 科技创新总体情况

2022 年，枣庄市以创新型城市建设为目标，聚焦"6+3"现代产业发展，建成"1+10+N"科技创新平台体系。政策、企业、平台、人才、项目协同推进，全市国家级科技型中小企业、省级"专精特新"企业分别达到 835 家和 179 家，泰和科技、中材锂膜等 4 家企业入选"2022 年度山东省科技领军企业名单"，康力医疗、威达重工等 15 家企业入选"2022 年度山东省科技小巨人企业名单"。经综合评价，枣庄市综合科技创新水平指数为 52.12%，居全省第 14 位，与上年相比，提高了 5.11 个百分点。

图 3-4 为 2022 年枣庄市一级评价指标指数与上年及全省平均水平比较情况。

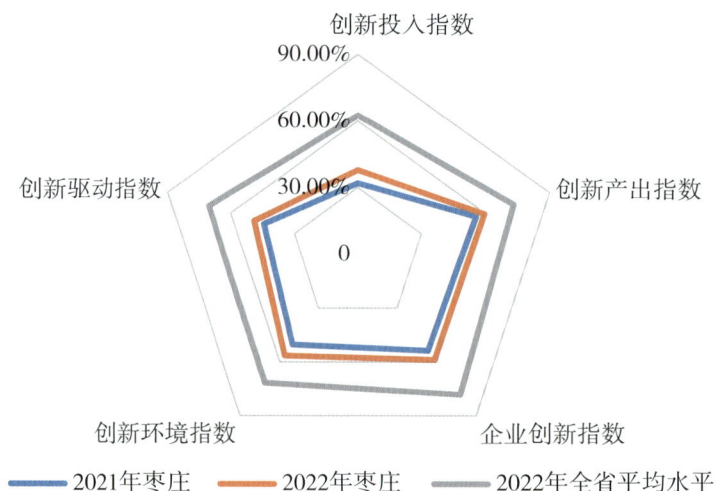

图 3-4　2022 年枣庄市一级评价指标指数与上年及全省平均水平比较情况

2. 科技创新总体特征

创新支撑高质量发展步伐加快。2022 年，枣庄市创新驱动指数为 49.11%，较上年提高 4.53 个百分点，居全省第 13 位。绿色低碳成效提升，万元 GDP 综合能耗较上年降低率位次提升 6 位。"四新"经济增加值占 GDP 比重较上年提高 1.70 个百分点，提高幅度居全省第 2 位，新技术、新产业活力迸发。

创新环境持续改善。2022 年，枣庄市创新环境指数为 56.29%，较上年提高 6.10 个百分点，居全省第 9 位。营商环境优化，实际使用外资金额占 GDP 比重排名提升至全省第 2 位。享受研发费用加计扣除减免税政策的规上工业企业占规上工业企业的比重较上年提高 1.93 个百分点，减税降费政策落实有力。

创新产出取得一定成效。2022 年，枣庄市创新产出指数为 59.49%，较上年提高 3.92 个百分点，居全省第 9 位。技术市场交易持续活跃，每亿元 GDP 技术合同成交额保持全省第 2 位。产业升级持续发力，规上高新技术产业产值占规上工业产值比重较上年提高 4.41 个百分点，提高幅度居全省第 3 位。

创新投入稳步增长。2022 年，枣庄市创新投入指数为 38.03%，较上年提高 5.95 个百分点，居全省第 15 位。地方财政科技支出及占一般公共预算支出的比重提升，财政对科技的支持力度加大。基础研究经费支出占 R&D 经费支出的比重较上年提高 1.29 个百分点，提高幅度居全省第 2 位。

企业创新能力提升。2022 年，枣庄市企业创新指数为 58.56%，较上年提高 5.05 个百分点，居全省第 15 位。专利产出能力增强，每万名规上工业企业 R&D 人员发明专利拥有量较上年增长 773.89 件，增幅居全省首位。规上工业企业 R&D 经费支出占营业收入的比重位次提升至全省第 8 位，规上工业企业新产品销售收入占营业收入比重较上年提高 9.68 个百分点，企业研发创新能力进一步提升。

3. 劣势指标分析

科研人员待遇有所下滑。科学研究和技术服务业平均工资比较系数较上年下降 19.70 个百分点，位次下降 4 位。应确保科研人员的薪资水平与其专业水平和贡献相匹配，通过媒体宣传、政策引导等方式，提高科研人员在社会中的地位和认可度。

企业研发活动不活跃。有研发活动的规上工业企业数量增长较慢，有研发活动的规上工业企业占规上工业企业比重位次较上年下降 6 位。应通过税收减免、贷款优惠等措施，降低企业研发成本，推动企业与高校、研究机构的合作，共享研发资源，激发企业研发活力。

研发人力资源不足。研发人员全时当量、每万名就业人员中研发人员数、R&D 人员中研究人员占比及规上工业企业 R&D 人员占规上工业企业从业人员比重等指标排名均相对靠后。需实施高层次科技人才引育工程，建立科技人才梯次培育库，推动高层次科技人才精准招引，赋予科技人才更大科研自主权，营造科技人才成长成才的良好生态。

（二）创新发展主要指标分析及位次

2022 年，枣庄市地区生产总值（GDP）为 2036.93 亿元，居全省第 16 位。全员劳动生产率为 10.56 万元 / 人，居全省第 13 位。万元 GDP 综合能耗较上年降低率为 5.80%，居全省第 6 位。

研发人员全时当量为 10 079.60 人年，居全省第 16 位。每万名就业人员中研发人员数为 52.28 人年，居全省第 14 位。R&D 人员中研究人员占比为 25.08%，居全省第 14 位。规上工业企业 R&D 人员占规上工业企业从业人员比重为 8.70%，居全省第 14 位。

全社会 R&D 经费支出 34.80 亿元，较上年增长 13.52%，占 GDP 比重为 1.71%，较上年提高 0.12 个百分点，居全省第 15 位。基础研究经费支出 1.34 亿元，居全省第 11 位。地方财政科技支出为 3.33 亿元，较上年增长 0.93 亿元。规上工业企业 R&D 经费支出为 29.00 亿元，居全省第 16 位。

高新技术企业数 465 家，居全省第 15 位，较上年增加 130 家。每万家企业法人单位中高新技术企业数 51.58 家，居全省第 13 位。有研发活动的规上工业企业数为 419 家，居全省第 16 位。规上高新技术产业产值占规上工业产值比重为 47.04%，居全省第 10 位，较上年提高 4.41 个百分点。"四新"经济增加值占 GDP 比重为 30.30%，居全省第 12 位。

每万人高价值发明专利拥有量为 2.59 件，居全省第 10 位。每亿元 R&D 经费支出发明专利授权数为 19.68 件，居全省第 5 位。规上工业企业发明专利拥有量为 2598 件，居全省第 14 位。万名研究人员科技论文数为 3148.40 篇，居全省第 9 位。登记技术合同成交额 130.02 亿元，较上年增长 24.96%。

每名 R&D 人员仪器和设备支出为 2.37 万元，居全省第 10 位。科学研究和技术服务业平均工资比较系数为 79.04%，居全省第 11 位。实际使用外资金额 6.73 亿美元，占 GDP 比重为 2.22%，较上年提高 0.71 个百分点。

（三）产业发展情况

2022 年，枣庄市经济总体呈现"稳中有进、质效双升"的良好发展态势。农业生产形势良好，工业生产稳定增长，服务业经营总体平稳。

　　发展动能加快转换。坚持存量优化和增量崛起并举,"工业强市、产业兴市"成效显著。工业增加值占 GDP 比重为 31.6%,制造业增加值占 GDP 比重为 24.3%,比上年提高 0.2 个百分点,高技术产业投资增长 42.3%。以"链长制"为抓手培育壮大"6+3"现代产业体系,精密部件、医药健康等 4 个产业入选省"十强"产业"雁阵形"集群。锂电、计算机通信等新兴产业增速较快,突出锂电产业首位度,设立总规模 200 亿元的新能源产业基金,成功举办国际锂电产业展览会,锂电企业发展到 101 家。

　　当前,枣庄市传统工业比重较大,新兴产业支撑不足,投资结构亟待优化,工业经济面临较大压力。

　　今后,应围绕加快国家创新型城市建设,完善"1+10+N"科技创新平台体系,布局产业"双创共同体",打造"系统完备、集约高效、安全稳定"的"6+3"现代产业体系。通过重点产业关键核心技术"创新图谱",加快突破一批产业共性和关键核心技术,打造"三链融合"创新生态。

　　表 3-4 为 2022 年枣庄市科技创新重点指标值与上年比较情况。

表 3-4　2022 年枣庄市科技创新重点指标值与上年比较情况

指标名称	指标值		排名	
	2021 年	2022 年	2021 年	2022 年
全社会 R&D 经费支出（亿元）	30.66	34.80	15	16
全社会 R&D 经费支出占 GDP 比重（%）	1.59	1.71	15	15
地方财政科技支出占一般公共预算支出的比重（%）	0.88	1.02	13	14
基础研究经费支出占 R&D 经费支出的比重（%）	2.56	3.85	7	5
研发人员全时当量（人年）	9132.55	10 079.60	16	16
每万名就业人员中研发人员数（人年）	46.31	52.28	14	14
R&D 人员中研究人员占比（%）	28.85	25.08	12	14
每亿元 GDP 技术合同成交额（万元）	538.75	638.31	2	2
每万人高价值发明专利拥有量（件）	1.70	2.59	11	10
万名研究人员科技论文数（篇）	3354.84	3148.40	8	9
每亿元 R&D 经费支出发明专利授权数（件）	21.17	19.68	4	5
规上高新技术产业产值占规上工业产值比重（%）	42.63	47.04	10	10
规上工业企业 R&D 经费支出占营业收入的比重（%）	1.65	1.72	9	8
规上工业企业 R&D 人员占规上工业企业从业人员比重（%）	8.33	8.70	13	14
有研发活动的规上工业企业数（家）	411	419	15	16
有研发活动的规上工业企业占规上工业企业比重（%）	48.87	41.08	9	15
规上工业企业新产品销售收入（亿元）	275.17	453.07	16	16
规上工业企业新产品销售收入占营业收入比重（%）	17.19	26.87	13	14
每万名规上工业企业 R&D 人员发明专利拥有量（件）	2289.93	3063.82	8	5
每名 R&D 人员仪器和设备支出（万元）	1.97	2.37	11	10
高新技术企业数（家）	335	465	15	15
每万家企业法人单位中高新技术企业数（家）	41.78	51.58	13	13
科学研究和技术服务业平均工资比较系数（%）	98.74	79.04	7	11
实际使用外资金额占 GDP 比重（%）	1.51	2.22	6	2
享受研发费用加计扣除减免税政策的规上工业企业占规上工业企业的比重（%）	19.14	21.08	9	8
全员劳动生产率（万元/人）	9.79	10.56	13	13
"四新"经济增加值占 GDP 比重（%）	28.60	30.30	12	12
万元 GDP 综合能耗较上年降低率（%）	4.16	5.80	12	6

五、东营市

（一）科技创新发展情况

1. 科技创新总体情况

2022 年，东营市聚集优势创新资源，加快建设国家创新型城市，先后出台《关于深入实施创新驱动发展战略建设高水平国家创新型城市的意见》《东营市科技研发创新 2022 年工作方案》等一系列文件，拓展科技工作格局。"两个创新中心"初具雏形，"四个创新高地"创新引领，"四个特色创新片区"加快崛起，全市"2+4+4"创新阵地初步形成，国家盐碱地综合利用技术创新中心顺利推进，科技创新水平进一步提升。经综合评价，东营市综合科技创新水平指数为 62.92%，居全省第 7 位，与上年相比，提高了 8.87 个百分点。

图 3-5 为 2022 年东营市一级评价指标指数与上年及全省平均水平比较情况。

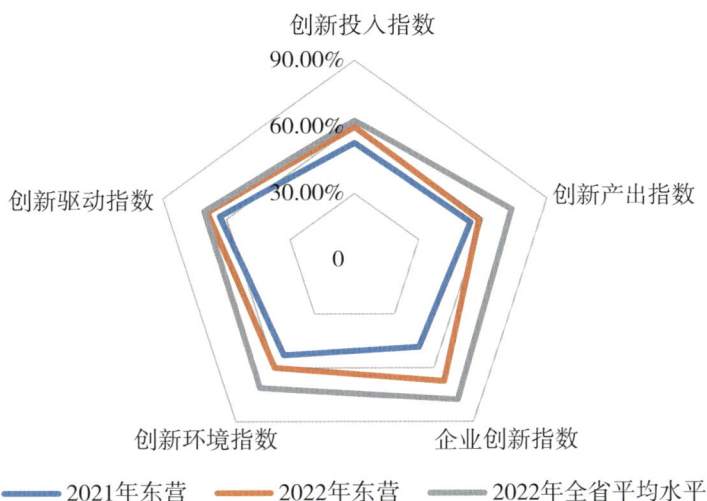

图 3-5　2022 年东营市一级评价指标指数与上年及全省平均水平比较情况

2. 科技创新总体特征

企业创新进一步提升。2022 年，东营市企业创新指数为 67.71%，较上年提高 19.03 个百分点，居全省第 13 位。企业研发活动更加积极，有研发活动的规上工业企业占规上工业企业比重较上年提高 19.95 个百分点，提高幅度居全省首位。新产品产出提升明显，规上工业企业新产品销售收入占营业收入比重较上年提高 14.69

个百分点。

创新对高质量发展的促进作用持续增强。2022 年，东营市创新驱动指数为 69.06%，较上年提高 5.81 个百分点，居全省第 5 位。劳动力效率保持优势，全员劳动生产率较上年增长 2.82 万元 / 人，居全省首位。"四新"经济增加值占 GDP 比重较上年提高 0.92 个百分点。

创新投入不断增长。2022 年，东营市创新投入指数为 59.62%，较上年提高 7.16 个百分点，居全省第 4 位。基础研究经费支出占 R&D 经费支出的比重较上年提高 0.41 个百分点，每万名就业人员中研发人员数较上年增长 45.51 人年。

创新环境优化升级。2022 年，东营市创新环境指数为 60.24%，较上年增长 7.01 个百分点，居全省第 9 位。享受研发费用加计扣除减免税政策的规上工业企业占规上工业企业的比重提升至第 9 位，每万家企业法人单位中高新技术企业数较上年增长 20.42 家。

创新产出成效明显。2022 年，东营市创新产出指数为 58.17%，较上年提高 3.98 个百分点，居全省第 11 位。专利创新活跃，每万人高价值发明专利拥有量较上年增长 2.71 件，每亿元 R&D 经费支出发明专利授权数位次提升至第 4 位。

3. 劣势指标分析

地方科技经费需加强支持。地方财政科技支出增长缓慢，地方财政科技支出占一般公共预算支出的比重较上年下降 0.35 个百分点。应加大对科技创新的重视和支持，建立地方财政科技投入稳定增长机制，发挥政府资金引导机制，推动地方科技创新发展。

科技型企业数量偏少。有研发活动的规上工业企业数、高新技术企业数等均排名落后。需进一步健全"科技型中小企业—高新技术企业—创新型领军企业"的梯次培育体系，壮大科技型企业队伍。

（二）创新发展主要指标分析及位次

2022 年，东营市地区生产总值（GDP）为 3682.00 亿元，居全省第 9 位。全员劳动生产率为 30.45 万元 / 人，居全省第 1 位。万元 GDP 综合能耗较上年降低率为 4.56%，居全省第 10 位。

研发人员全时当量为 18 399.70 人年，居全省第 12 位。每万名就业人员中研发人员数为 152.19 人年，居全省第 3 位。R&D 人员中研究人员占比为 30.89%，居全省第 5 位。规上工业企业 R&D 人员占规上工业企业从业人员比重为 9.01%，居全省第 13 位。

全社会 R&D 经费支出 91.77 亿元，较上年增长 13.43%，占 GDP 比重为 2.49%，较上年提高 0.12 个百分点，占比排名保持全省第 10 位。基础研究经费支出 3.65 亿元，居全省第 5 位。地方财政科技支出为 5.81 亿元，较上年增长 0.02 亿元。规上工业企业 R&D 经费支出为 87.44 亿元，居全省第 9 位。

高新技术企业 681 家，居全省第 11 位，较上年增加 220 家。每万家企业法人单位中高新技术企业数 88.76 家，居全省第 5 位。有研发活动的规上工业企业数为 536 家，居全省第 15 位。规上高新技术产业产值占规上工业产值比重为 38.07%，居全省第 14 位，较上年减少 1.60 个百分点。"四新"经济增加值占 GDP 比重为 20.50%，居全省第 16 位。

每万人高价值发明专利拥有量为 7.51 件，居全省第 5 位。每亿元 R&D 经费支出发明专利授权数为 20.12 件，居全省第 4 位。规上工业企业发明专利拥有量为 5092 件，居全省第 7 位。万名研究人员科技论文数为 2647.74 篇，居全省第 10 位。登记技术合同成交额 125.43 亿元，较上年增长 20.93%。

每名 R&D 人员仪器和设备支出为 2.38 万元，居全省第 9 位。科学研究和技术服务业平均工资比较系数为 85.55%，居全省第 9 位。实际使用外资金额 7.97 亿美元，占 GDP 比重为 1.46%，较上年提高 0.24 个百分点。

（三）产业发展情况

2022 年，东营市经济增长基础全面夯实，产业供给支撑有力。农业生产再获丰收，工业生产平稳增长，服务业回稳向好。

加快新旧动能转换，产业发展提质增效。发力主攻链条经济，优选 7 个重点产业 18 条产业链，绘制产业图谱，精准补链延链强链，现代化产业体系不断完善。加快提升传统产业，实施技术改造项目 300 个、智能化改造项目 84 个，利华益集团 40 万吨 / 年高性能 ABS 树脂一体化等重大项目建成投产。加快突破新兴产业，功能性高分子材料和先进碳材料产业集群新入选省"十强"产业"雁阵形"集群，生物医药产业规模不断壮大，海上风电装备产业园成为全省重点发展的三大风电产业园之一。

当前，东营市企业生产经营压力较大，制造业面临融资难、融资贵问题，传统产业占比高，产业基础高级化、产业链现代化水平仍然不高。"四新"经济引领效能不够，数字动能支撑作用不强。

今后，应聚力推动"四新"经济实现新跃升。壮大"存量"、推动"有中变强"，发挥新能源、新材料、生物医药、文化旅游等新兴产业基础优势，全力推动做大做强，着力打造具有区域特色、更具竞争力的新兴产业基地。大力发展智能经济、绿色经济、共享经济等新经济，加快培育新文创、新零售、新金融等新业态，超前布局虚拟现实等未来产业，在新赛道上跑出东营新速度。

表 3-5 为 2022 年东营市科技创新重点指标值与上年比较情况。

表 3-5　2022 年东营市科技创新重点指标值与上年比较情况

指标名称	指标值		排名	
	2021 年	2022 年	2021 年	2022 年
全社会 R&D 经费支出（亿元）	80.90	91.77	10	10
全社会 R&D 经费支出占 GDP 比重（%）	2.37	2.49	10	10
地方财政科技支出占一般公共预算支出的比重（%）	1.92	1.57	10	9
基础研究经费支出占 R&D 经费支出的比重（%）	3.56	3.98	3	4
研发人员全时当量（人年）	13 155.40	18 399.70	13	12
每万名就业人员中研发人员数（人年）	106.68	152.19	5	3
R&D 人员中研究人员占比（%）	32.85	30.89	5	5
每亿元 GDP 技术合同成交额（万元）	304.41	340.66	8	9
每万人高价值发明专利拥有量（件）	4.80	7.51	6	5
万名研究人员科技论文数（篇）	3202.22	2647.74	9	10
每亿元 R&D 经费支出发明专利授权数（件）	19.81	20.12	5	4
规上高新技术产业产值占规上工业产值比重（%）	39.67	38.07	14	14
规上工业企业 R&D 经费支出占营业收入的比重（%）	0.87	0.90	15	15
规上工业企业 R&D 人员占规上工业企业从业人员比重（%）	7.17	9.01	15	13
有研发活动的规上工业企业数（家）	328	536	16	15
有研发活动的规上工业企业占规上工业企业比重（%）	36.65	56.60	15	5
规上工业企业新产品销售收入（亿元）	1350.68	2889.68	9	6
规上工业企业新产品销售收入占营业收入比重（%）	15.19	29.88	14	13
每万名规上工业企业 R&D 人员发明专利拥有量（件）	3146.23	3057.62	3	6
每名 R&D 人员仪器和设备支出（万元）	2.38	2.38	5	9
高新技术企业数（家）	461	681	12	11
每万家企业法人单位中高新技术企业数（家）	68.34	88.76	5	5
科学研究和技术服务业平均工资比较系数（%）	84.89	85.55	9	9
实际使用外资金额占 GDP 比重（%）	1.22	1.46	11	11
享受研发费用加计扣除减免税政策的规上工业企业占规上工业企业的比重（%）	17.99	20.80	10	9
全员劳动生产率（万元/人）	27.63	30.45	1	1
"四新"经济增加值占 GDP 比重（%）	19.58	20.50	16	16
万元 GDP 综合能耗较上年降低率（%）	4.79	4.56	9	10

六、烟台市

（一）科技创新发展情况

1.科技创新总体情况

2022年，烟台市科技创新能力和支撑产业发展水平显著增强。出台《烟台市技术转移服务机构管理办法》《烟台市科技成果转移转化补助（奖励）资金管理实施细则》《关于鼓励和规范烟台市社会力量设立科学技术奖的意见（试行）》，深化科技奖励制度、科技成果评价改革。高能级科创平台加快建设，烟台先进材料与绿色制造山东省实验室一期封顶，烟台新药创制山东省实验室获批，烟台八角湾国际科创中心竣工，南山科学技术研究院投用。围绕高端装备制造、新材料、新一代信息技术、医养健康、现代农业等领域，实施重大科技创新工程"揭榜制""组阁制"，开展"卡脖子"关键技术攻关，组织实施20项市级重大科技创新项目。经综合评价，烟台市综合科技创新水平指数为77.45%，居全省第3位，与上年相比，提高了8.61个百分点。

图3-6为2022年烟台市一级评价指标指数与上年及全省平均水平比较情况。

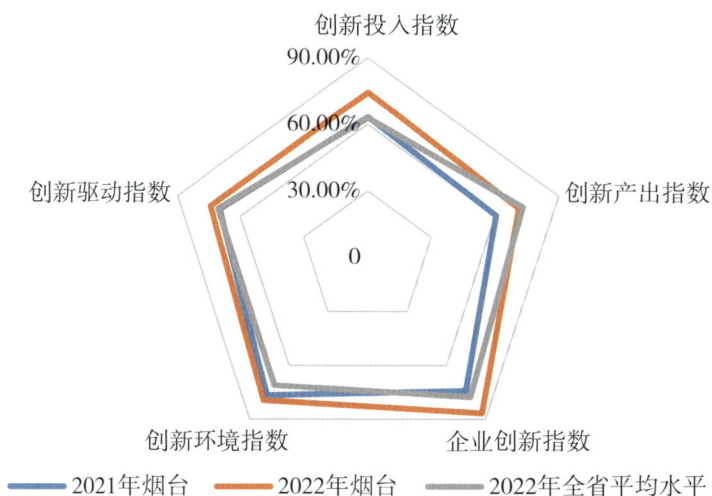

图3-6 2022年烟台市一级评价指标指数与上年及全省平均水平比较情况

2.科技创新总体特征

创新产出优势明显。2022年，烟台市创新产出指数为71.33%，较上年提高

10.70 个百分点，居全省第 3 位。规上高新技术产业产值占规上工业产值比重较上年提高 4.61 个百分点，居全省第 2 位。专利产出活跃，每万人高价值发明专利拥有量较上年增长 2.34 件，每亿元 R&D 经费支出发明专利授权数较上年增长 5.23 件。

企业创新进一步提升。2022 年，烟台市企业创新指数为 86.97%，较上年提高 12.37 个百分点，居全省第 6 位。有研发活动的规上工业企业数位次提升至全省第 3 位。规上工业企业新产品销售收入较上年增长 1464.78 亿元，增量居全省第 2 位，规上工业企业新产品销售收入占营业收入比重增至 39.48%，提升 7 个位次，企业创新成果的转化能力提升。

创新投入稳步增长。2022 年，烟台市创新投入指数为 74.16%，较上年提高 11.14 个百分点，居全省第 3 位。研发经费投入增加，全社会 R&D 经费支出较上年增长 24.32 亿元，基础研究经费支出占 R&D 经费支出的比重位次提升至全省第 3 位。研发人力投入加大，研发人员全时当量较上年增长 5818.20 人年，每万名就业人员中研发人员数增至 112.82 人年，排名提升 1 位。

创新支撑高质量发展成效明显。2022 年，烟台市创新驱动指数为 74.29%，较上年提高 4.53 个百分点，居全省第 3 位。全员劳动生产率较上年增长 2.68 万元 / 人，提高幅度居全省第 2 位，劳动力产出效率提高。万元 GDP 综合能耗较上年降低率位次提升 2 位，节能降耗取得一定成效。

创新环境持续改善。2022 年，烟台市创新环境指数为 79.79%，较上年提高 2.70 个百分点，居全省第 4 位。科研人员待遇提升，科学研究和技术服务业平均工资比较系数位次提升至全省第 2 位。贯彻落实研发费用加计扣除政策的力度不断加大，享受研发费用加计扣除减免税政策的规上工业企业占规上工业企业的比重增至 26.51%。

3. 劣势指标分析

研发投入强度偏低。全社会 R&D 经费支出占 GDP 比重居全省第 13 位，低于全省平均水平。应鼓励企业加大研发投入，稳定高等院校、科研院所研发投入，充分发挥财政资金引导作用，进一步提高全社会研发投入水平。

科研仪器设备投入减少。每名 R&D 人员仪器和设备支出较上年下降 0.77 万元，降幅较大。需加大优质仪器设备的购置，同时推进大型科研仪器开放与共享，通过仪器设备共享共用，推动企业与科研平台相向融合。

（二）创新发展主要指标分析及位次

2022 年，烟台市地区生产总值（GDP）为 9509.05 亿元，居全省第 3 位。全员劳动生产率为 22.99 万元 / 人，居全省第 4 位。万元 GDP 综合能耗较上年降低率为 4.09%，居全省第 11 位。

研发人员全时当量为 46 675.20 人年，居全省第 4 位。每万名就业人员中研发人员数为 112.82 人年，居全省第 6 位。R&D 人员中研究人员占比为 35.10%，居全省第 3 位。规上工业企业 R&D 人员占规上工业企业从业人员比重为 10.74%，居全省第 8 位。

全社会 R&D 经费支出 197.51 亿元，较上年增长 14.04%，占 GDP 比重为 2.08%，较上年提高 0.09 个百分点，居全省第 13 位。基础研究经费支出 9.94 亿元，居全省第 3 位。地方财政科技支出 32.04 亿元，较上年增长 0.84 亿元。规上工业企业 R&D 经费支出为 159.96 亿元，居全省第 3 位。

高新技术企业 1909 家，居全省第 3 位，较上年增加 367 家。每万家企业法人单位中高新技术企业数 76.61 家，居全省第 6 位。有研发活动的规上工业企业数为 1450 家，居全省第 3 位。规上高新技术产业产值占规上工业产值比重为 62.89%，居全省第 2 位，较上年提高 4.61 个百分点。"四新"经济增加值占 GDP 比重为 33.40%，居全省第 6 位。

每万人高价值发明专利拥有量为 7.60 件，居全省第 4 位。每亿元 R&D 经费支出发明专利授权数为 19.59 件，居全省第 6 位。规上工业企业发明专利拥有量为 9629 件，居全省第 4 位。万名研究人员科技论文数为 4055.28 篇，居全省第 7 位。登记技术合同成交额 295.84 亿元，较上年增长 25.39%。

每名 R&D 人员仪器和设备支出为 3.25 万元，居全省第 3 位。科学研究和技术服务业平均工资比较系数为 132.73%，居全省第 2 位。实际使用外资金额 29.83 亿美元，占 GDP 比重为 2.11%，较上年提高 0.15 个百分点。

（三）产业发展情况

2022 年，烟台市经济呈现稳中向好、进中提质态势。农业生产高质高效，工业生产增势强劲，服务业稳步复苏。

新旧动能加快转换。新兴动能稳定增强，"四新"经济增加值占地区生产总值比重为 33.40%。"四新"经济投资占固定资产投资比重为 70.3%，比上年提高 3.3 个百分点。高新技术产业产值占规模以上工业总产值比重为 62.89%，比上年提高 4.61 个百分点。大力实施"9+N"制造业集聚培育工程，九大产业产值 8290.8 亿元，比上年增长 7.8%。新兴消费蓬勃发展，限额以上单位实物商品网络零售额比上年增长 14.4%。

当前，烟台市经济稳定运行压力较大，一些企业生产经营困难，专用设备制造业对全市规上工业下拉明显，企业人才引进难问题较为突出，创新驱动发展的动力还不够强。

今后，应深入实施"9+N"制造业集聚培育工程，推动制造业高端化、智能化、绿色化发展。抓链条强集群，做实 16 条重点产业链"链长制"，逐链引育创新平台、策划品牌会展、培育专业团队、招引重大项目。做大做强先进结构材料、生物医药两大国家级战略性新兴产业集群，壮大汽车、清洁能源等 13 个省"雁阵形"产业集群，培育形成绿色石化、有色及贵金属 2 个 2 千亿级产业集群。

表 3-6 为 2022 年烟台市科技创新重点指标值与上年比较情况。

表 3-6   2022 年烟台市科技创新重点指标值与上年比较情况

指标名称	指标值		排名	
	2021 年	2022 年	2021 年	2022 年
全社会 R&D 经费支出（亿元）	173.19	197.51	3	3
全社会 R&D 经费支出占 GDP 比重（%）	1.99	2.08	13	13
地方财政科技支出占一般公共预算支出的比重（%）	3.89	3.47	2	1
基础研究经费支出占 R&D 经费支出的比重（%）	2.82	5.03	5	3
研发人员全时当量（人年）	40 857.00	46 675.20	4	4
每万名就业人员中研发人员数（人年）	95.22	112.82	7	6
R&D 人员中研究人员占比（%）	37.20	35.10	3	3
每亿元 GDP 技术合同成交额（万元）	270.82	311.11	10	10
每万人高价值发明专利拥有量（件）	5.26	7.60	4	4
万名研究人员科技论文数（篇）	4103.95	4055.28	7	7
每亿元 R&D 经费支出发明专利授权数（件）	14.36	19.59	8	6
规上高新技术产业产值占规上工业产值比重（%）	58.28	62.89	3	2
规上工业企业 R&D 经费支出占营业收入的比重（%）	1.56	1.68	10	10
规上工业企业 R&D 人员占规上工业企业从业人员比重（%）	10.01	10.74	8	8
有研发活动的规上工业企业数（家）	1368	1450	4	3
有研发活动的规上工业企业占规上工业企业比重（%）	56.51	56.11	4	6
规上工业企业新产品销售收入（亿元）	2295.88	3760.66	5	3
规上工业企业新产品销售收入占营业收入比重（%）	25.24	39.48	11	4
每万名规上工业企业 R&D 人员发明专利拥有量（件）	2183.12	2380.92	9	10
每名 R&D 人员仪器和设备支出（万元）	4.02	3.25	2	3
高新技术企业数（家）	1542	1909	3	3
每万家企业法人单位中高新技术企业数（家）	67.24	76.61	6	6
科学研究和技术服务业平均工资比较系数（%）	128.12	132.73	4	2
实际使用外资金额占 GDP 比重（%）	1.96	2.11	3	4
享受研发费用加计扣除减免税政策的规上工业企业占规上工业企业的比重（%）	22.30	26.51	7	5
全员劳动生产率（万元 / 人）	20.30	22.99	4	4
"四新"经济增加值占 GDP 比重（%）	33.70	33.40	4	6
万元 GDP 综合能耗较上年降低率（%）	3.45	4.09	13	11

七、潍坊市

（一）科技创新发展情况

1. 科技创新总体情况

2022 年，潍坊市深入实施创新驱动发展战略，高能级创新平台建设成效显著。国家燃料电池技术创新中心正式挂牌；潍柴内燃机可靠性国家重点实验室顺利重组；SDL 科学实验平台正式列入国家级实验室建设规划；潍坊先进光电芯片研究院研发的大功率半导体激光芯片实现国产化替代；潍坊现代农业山东省实验室建成六大公共平台和 30 个课题组，在杂交育种技术研发等领域取得关键性突破。经综合评价，潍坊市综合科技创新水平指数为 63.56%，居全省第 6 位，与上年相比，提高了 4.12 个百分点。

图 3-7 为 2022 年潍坊市一级评价指标指数与上年及全省平均水平比较情况。

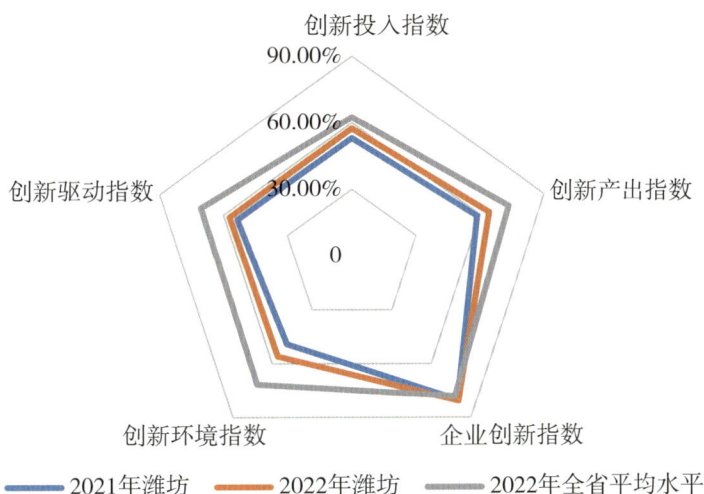

图 3-7　2022 年潍坊市一级评价指标指数与上年及全省平均水平比较情况

2. 科技创新总体特征

企业创新进一步增强。2022 年，潍坊市企业创新指数为 80.67%，较上年提高 0.68 个百分点，居全省第 7 位。企业新产品持续迭代升级，规上工业企业新产品销售收入增至 4415.94 亿元，居全省第 2 位。企业专利产出继续提升，每万名规上工业企业 R&D 人员发明专利拥有量居全省第 3 位，较上年增加 562.09 件。

创新产出成效明显。2022 年，潍坊市创新产出指数为 64.16%，较上年提高 5.61 个百分点，居全省第 6 位。规上高新技术产业产值占规上工业产值比重较上年提高 2.81 个百分点。万名研究人员科技论文数位次提升 3 位。每亿元 R&D 经费支出发明专利授权数保持全省第 3 位。

创新投入持续增加。2022 年，潍坊市创新投入指数为 57.56%，较上年提高 4.37 个百分点，居全省第 6 位。研发经费投入加大，全社会 R&D 经费支出较上年增长 19.15 亿元，基础研究经费支出占 R&D 经费支出的比重位次提升 4 位。研发人员全时当量保持全省第 3 位。

创新支撑高质量发展作用持续巩固。2022 年，潍坊市创新驱动指数为 57.11%，较上年提高 3.67 个百分点，居全省第 7 位。绿色发展积极推进，万元 GDP 综合能耗较上年降低率提升至全省第 4 位。全员劳动生产率较上年增加 0.88 万元 / 人。

创新环境进一步优化。2022 年，潍坊市创新环境指数为 55.78%，较上年提高 6.80 个百分点，居全省第 10 位。科研仪器投入增长，每名 R&D 人员仪器和设备支出较上年增加 0.25 万元。普惠性税收减免政策落实有力，享受研发费用加计扣除减免税政策的规上工业企业占规上工业企业的比重较上年提高 3.64 个百分点，提高幅度居全省第 4 位。

3. 劣势指标分析

企业研发活跃度下降。有研发活动的规上工业企业数及占规上工业企业比重出现较大幅度下滑，排名分别下降 2 位、5 位。应引导创新资源向企业集聚，促进技术、人才等创新要素向企业流动，调动企业开展研发活动的积极性。

科研人员待遇需进一步提高。科学研究和技术服务业平均工资比较系数较低，且增长缓慢。应优化薪酬结构，设立科研奖励机制，为科研人员提供更好的工作环境和条件。

研究人员有待增加。研究人员及 R&D 人员中研究人员占比均出现下滑。需通过科研任务引领，以市场为导向，以灵活的管理方式和务实管用的引人用人措施，引进和培养战略性新兴产业的领军科技人才和团队。

（二）创新发展主要指标分析及位次

2022 年，潍坊市地区生产总值（GDP）为 7299.96 亿元，居全省第 4 位。全员劳动生产率为 14.17 万元 / 人，居全省第 9 位。万元 GDP 综合能耗较上年降低率为

6.63%，居全省第 4 位。

研发人员全时当量为 48 339.10 人年，居全省第 3 位。每万名就业人员中研发人员数为 93.81 人年，居全省第 8 位。R&D 人员中研究人员占比为 30.66%，居全省第 6 位。规上工业企业 R&D 人员占规上工业企业从业人员比重为 8.61%，居全省第 15 位。

全社会 R&D 经费支出 169.13 亿元，较上年增长 12.77%，占 GDP 比重为 2.32%，较上年提高 0.18 个百分点，居全省第 11 位。基础研究经费支出 3.92 亿元，居全省第 4 位。地方财政科技支出为 16.49 亿元，较上年减少 6.64 亿元。规上工业企业 R&D 经费支出为 153.68 亿元，居全省第 4 位。

高新技术企业 1814 家，居全省第 4 位，较上年增加 419 家。每万家企业法人单位中高新技术企业数 62.28 家，居全省第 9 位。有研发活动的规上工业企业数为 1393 家，居全省第 4 位。规上高新技术产业产值占规上工业产值比重为 57.31%，居全省第 5 位，较上年提高 2.81 个百分点。"四新"经济增加值占 GDP 比重为 30.10%，居全省第 13 位。

每万人高价值发明专利拥有量为 5.36 件，居全省第 7 位。每亿元 R&D 经费支出发明专利授权数为 23.18 件，居全省第 3 位。规上工业企业发明专利拥有量为 15 387 件，居全省第 3 位。万名研究人员科技论文数为 3193.94 篇，居全省第 8 位。登记技术合同成交额 201.84 亿元，较上年增长 26.58%。

每名 R&D 人员仪器和设备支出为 2.47 万元，居全省第 7 位。科学研究和技术服务业平均工资比较系数为 67.85%，居全省第 15 位。实际使用外资金额 12.99 亿美元，占 GDP 比重为 1.20%，较上年减少 0.02 个百分点。

（三）产业发展情况

2022 年，潍坊市经济运行稳中有进。农业生产基本稳定，工业经济运行持续向好，服务业支撑有力。

动能转换实现突破。"新经济"快速发展，"十强产业"增加值均实现增长。其中，高端装备产业增加值较上年增长 20.5%，高端化工增加值增长 7.9%，新一代信息技术产业增加值增长 35.1%。现代服务业"主引擎"作用凸显，增加值增长 6.1%。创新驱动释放新动能。国家燃料电池技术创新中心正式挂牌，新增国家级制造业单项冠军 3 家，新增国家级专精特新"小巨人"企业 41 家、重点"小巨人"

企业 2 家，省级专精特新中小企业 118 家，省级瞪羚企业 46 家。

当前，潍坊市工业企业承压依然突出，企业生产经营压力不断增大，原材料价格仍处高位运行，企业资金压力不断加大。

今后，应着力发展实体经济，积极争创国家制造业高质量发展试验区、全国工业稳增长和转型升级明显市，加快锻造新的产业竞争优势。培强壮大先发优势产业。深入实施"氢进万家"科技示范工程，开工建设华电潍坊制氢加氢一体站项目，加快燃料电池用氢气本地化供应。加快磁浮交通产业基地、磁悬浮二期产业园、中国通用潍坊机床产业园、聚能国际半导体等项目建设。支持新型储能、光刻胶、高端铝型材等产业发展。

表 3-7 为 2022 年潍坊市科技创新重点指标值与上年比较情况。

表 3-7　2022 年潍坊市科技创新重点指标值与上年比较情况

指标名称	指标值		排名	
	2021 年	2022 年	2021 年	2022 年
全社会 R&D 经费支出（亿元）	149.98	169.13	4	4
全社会 R&D 经费支出占 GDP 比重（%）	2.14	2.32	11	11
地方财政科技支出占一般公共预算支出的比重（%）	2.63	1.96	6	7
基础研究经费支出占 R&D 经费支出的比重（%）	1.25	2.32	11	7
研发人员全时当量（人年）	46 561.90	48 339.10	3	3
每万名就业人员中研发人员数（人年）	88.25	93.81	8	8
R&D 人员中研究人员占比（%）	32.88	30.66	4	6
每亿元 GDP 技术合同成交额（万元）	227.46	276.49	12	12
每万人高价值发明专利拥有量（件）	3.77	5.36	7	7
万名研究人员科技论文数（篇）	2969.30	3193.94	11	8
每亿元 R&D 经费支出发明专利授权数（件）	23.49	23.18	3	3
规上高新技术产业产值占规上工业产值比重（%）	54.50	57.31	6	5
规上工业企业 R&D 经费支出占营业收入比重（%）	1.28	1.35	13	13
规上工业企业 R&D 人员占规上工业企业从业人员比重（%）	8.90	8.61	11	15
有研发活动的规上工业企业数（家）	1684	1393	2	4
有研发活动的规上工业企业占规上工业企业比重（%）	43.49	34.09	11	16
规上工业企业新产品销售收入（亿元）	3772.10	4415.94	2	2
规上工业企业新产品销售收入占营业收入的比重（%）	34.23	38.78	3	6
每万名规上工业企业 R&D 人员发明专利拥有量（件）	2925.00	3487.08	4	3
每名 R&D 人员仪器和设备支出（万元）	2.22	2.47	6	7
高新技术企业数（家）	1395	1814	4	4
每万家企业法人单位中高新技术企业数（家）	51.64	62.28	9	9
科学研究和技术服务业平均工资比较系数（%）	66.97	67.85	14	15
实际使用外资金额占 GDP 比重（%）	1.22	1.20	10	12
享受研发费用加计扣除减免税政策的规上工业企业占规上工业企业的比重（%）	15.50	19.14	11	11
全员劳动生产率（万元 / 人）	13.29	14.17	9	9
"四新"经济增加值占 GDP 比重（%）	28.59	30.10	13	13
万元 GDP 综合能耗较上年降低率（%）	6.03	6.63	5	4

八、济宁市

（一）科技创新发展情况

1. 科技创新总体情况

2022 年，济宁市紧紧围绕企业攀登、产业升级两大主线，实施关键技术突破计划。构建"1+N"协同创新体系，在高端装备、高端化工 2 个领域破题突围，实施重点项目 36 项。实施重大产业技术创新项目，启动实施"工程机械智慧施工"等"全球揭榜"项目 8 项。开展关键核心技术攻关，储备重大关键技术和"卡脖子"技术 297 项，6 个项目获批省级重点创新项目。益大新材料成功创建国家级企业技术中心，华勤倍耐力全球研发中心建成投用，邹城山东省智能机器人应用技术研究院获批省级技术创新中心。经综合评价，济宁市综合科技创新水平指数为 57.66%，居全省第 9 位，与上年相比，提高了 3.95 个百分点。

图 3-8 为 2022 年济宁市一级评价指标指数与上年及全省平均水平比较情况。

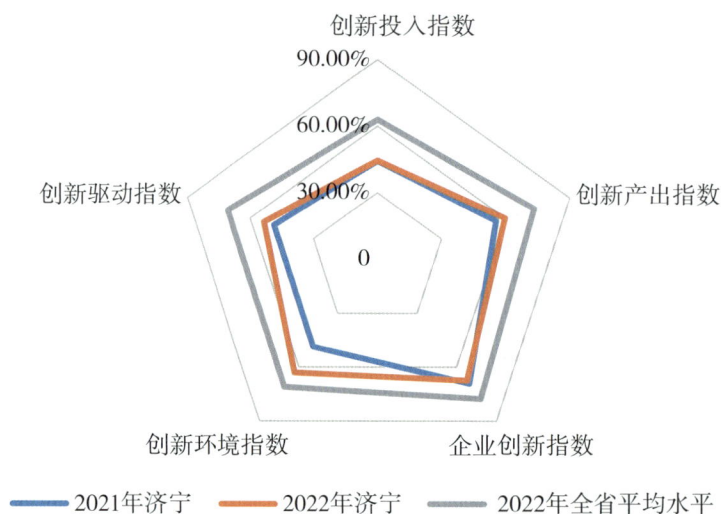

图 3-8　2022 年济宁市一级评价指标指数与上年及全省平均水平比较情况

2. 科技创新总体特征

创新环境持续优化。2022 年，济宁市创新环境指数为 63.48%，较上年提高 14.45 个百分点，居全省第 6 位。科研活动物质技术基础不断夯实，每名 R&D 人员仪器和设备支出较上年增长 1.54 万元，提高幅度居全省第 1 位。高企培育卓有成效，高新技术企业数位次较上年提升 2 位。

创新支撑高质量发展提速前行。2022 年，济宁市创新驱动指数为 53.63%，较上年提高 4.68 个百分点，居全省第 11 位。劳动力效率提升，全员劳动生产率较上年增长 1.10 万元 / 人。"四新"经济增加值占 GDP 比重较上年提高 1.10 个百分点。

创新产出效益明显改善。2022 年，济宁市创新产出指数为 59.56%，较上年提高 4.17 个百分点，居全省第 8 位。科技论文产量增长，万名研究人员科技论文数提升至全省第 3 位。专利质量提升，每万人高价值发明专利拥有量较上年增长 1.03 件。每亿元 GDP 技术合同成交额增至 343.80 万元。

创新投入平稳增长。2022 年，济宁市创新投入指数为 44.30%，较上年提高 0.25 个百分点，居全省第 10 位。研发经费持续加大，全社会 R&D 经费支出较上年增长 11.71 亿元，位次提升 3 位。基础研究经费支出占 R&D 经费支出的比重较上年提高 0.09 个百分点。

3. 劣势指标分析

研发人员数量减少。研发人员全时当量和每万名就业人员中研发人员数均出现下降，规上工业企业 R&D 人员占规上工业企业从业人员比重降至全省末位。需推动高层次人才引进，出台人才政策，推出覆盖面广、操作性强的人才服务措施，提高研发人员的待遇。

企业研发活动减少。有研发活动的规上工业企业数及占规上工业企业比重均较上年下滑。应引导创新资源向企业集聚，促进技术、人才等创新要素向企业流动，调动企业开展研发活动的积极性。

绿色低碳水平仍需提升。万元 GDP 综合能耗较上年降低率排名下降 4 位。需通过引进和研发高效节能设备和技术，优化生产流程，推动产业升级，有效减少能源的消耗。

（二）创新发展主要指标分析及位次

2022 年，济宁市地区生产总值（GDP）为 5305.94 亿元，居全省第 6 位。全员劳动生产率为 12.95 万元 / 人，居全省第 10 位。万元 GDP 综合能耗较上年降低率为 3.86%，居全省第 12 位。

研发人员全时当量为 24 061.00 人年，居全省第 7 位。每万名就业人员中研发人员数为 58.73 人年，居全省第 12 位。R&D 人员中研究人员占比为 29.35%，居全省第 8 位。规上工业企业 R&D 人员占规上工业企业从业人员比重为 7.86%，居全省第 16 位。

全社会 R&D 经费支出 92.36 亿元，较上年增长 14.51%，占 GDP 比重为 1.74%，较上年提高 0.14 个百分点，占比位次保持全省第 14 位。基础研究经费支出 3.29 亿元，居全省第 6 位。地方财政科技支出为 7.80 亿元，较上年增长 0.10 亿元。规上工业企业 R&D 经费支出为 77.79 亿元，居全省第 12 位。

高新技术企业 1392 家，居全省第 6 位，较上年增加 454 家。每万家企业法人单位中高新技术企业数 58.87 家，居全省第 11 位。有研发活动的规上工业企业数为 1019 家，居全省第 10 位。规上高新技术产业产值占规上工业产值比重为 41.20%，居全省第 12 位，较上年提高 0.50 个百分点。"四新"经济增加值占 GDP 比重为 25.80%，居全省第 15 位。

每万人高价值发明专利拥有量为 2.43 件，居全省第 11 位。每亿元 R&D 经费支出发明专利授权数为 18.77 件，居全省第 7 位。规上工业企业发明专利拥有量为 4558 件，居全省第 10 位。万名研究人员科技论文数为 6532.96 篇，居全省第 3 位。登记技术合同成交额 182.42 亿元，较上年增长 27.33%。

每名 R&D 人员仪器和设备支出为 3.05 万元，居全省第 4 位。科学研究和技术服务业平均工资比较系数为 71.91%，居全省第 14 位。实际使用外资金额 12.92 亿美元，占 GDP 比重为 1.64%，较上年提高 0.19 个百分点。

（三）产业发展情况

2022 年，济宁市经济发展稳中向好。农业生产总体平稳，工业生产持续增长，服务业经济持续改善。

新旧动能加快转换。聚力壮大新兴产业，新一代信息技术、新能源新材料、高端装备实现快速发展，现代产业体系"四梁八柱"更加夯实，"四新"经济增加值增长 9.8%，规上高端装备制造业增加值增长 16.1%，高端化工增加值增长 19.8%，新一代信息技术制造业增加值增长 28.1%，新能源新材料增加值增长 12.5%。

当前，济宁市重点行业支撑不足，产业链供应链还存在"断点""堵点"，部分企业特别是中小微企业经营困难，经济恢复基础尚不牢固。

今后，应健全"1+N"协同创新体系。聚焦"231+1"主导产业，布局建设"行业创新创业共同体＋科技成果转化机构＋省级以上创新平台＋高端创新人才团队"的"1+N"协同创新体系。突出"创新谷"核心作用,加快构建中心驱动、多点协同、开放共享的"高新研发＋济宁制造"创新发展格局。

表3-8为2022年济宁市科技创新重点指标值与上年比较情况。

表 3-8　2022 年济宁市科技创新重点指标值与上年比较情况

指标名称	指标值		排名	
	2021 年	2022 年	2021 年	2022 年
全社会 R&D 经费支出（亿元）	80.66	92.36	12	9
全社会 R&D 经费支出占 GDP 比重（%）	1.60	1.74	14	14
地方财政科技支出占一般公共预算支出的比重（%）	1.06	1.04	12	12
基础研究经费支出占 R&D 经费支出的比重（%）	3.47	3.56	4	6
研发人员全时当量（人年）	27 407.81	24 061.00	6	7
每万名就业人员中研发人员数（人年）	64.43	58.73	11	12
R&D 人员中研究人员占比（%）	29.29	29.35	9	8
每亿元 GDP 技术合同成交额（万元）	284.11	343.80	9	8
每万人高价值发明专利拥有量（件）	1.40	2.43	13	11
万名研究人员科技论文数（篇）	6400.90	6532.96	4	3
每亿元 R&D 经费支出发明专利授权数（件）	18.20	18.77	6	7
规上高新技术产业产值占规上工业产值比重（%）	40.70	41.20	13	12
规上工业企业 R&D 经费支出占营业收入的比重（%）	1.49	1.55	11	11
规上工业企业 R&D 人员占规上工业企业从业人员比重（%）	9.29	7.86	9	16
有研发活动的规上工业企业数（家）	1287	1019	5	10
有研发活动的规上工业企业占规上工业企业比重（%）	58.63	46.15	3	11
规上工业企业新产品销售收入（亿元）	1488.80	1956.25	8	9
规上工业企业新产品销售收入占营业收入比重（%）	31.67	39.05	5	5
每万名规上工业企业 R&D 人员发明专利拥有量（件）	1568.58	2268.75	15	11
每名 R&D 人员仪器和设备支出（万元）	1.52	3.05	13	4
高新技术企业数（家）	938	1392	8	6
每万家企业法人单位中高新技术企业数（家）	43.28	58.87	11	11
科学研究和技术服务业平均工资比较系数（%）	75.93	71.91	12	14
实际使用外资金额占 GDP 比重（%）	1.44	1.64	8	7
享受研发费用加计扣除减免税政策的规上工业企业占规上工业企业的比重（%）	22.51	25.50	6	7
全员劳动生产率（万元/人）	11.85	12.95	10	10
"四新"经济增加值占 GDP 比重（%）	24.70	25.80	15	15
万元 GDP 综合能耗较上年降低率（%）	4.90	3.86	8	12

九、泰安市

（一）科技创新发展情况

1.科技创新总体情况

2022 年，泰安市以创建国家创新型城市为总抓手，出台《泰安市"十四五"科技创新规划》《泰安市科技创新"双十工程"实施意见》《关于印发泰安市规模以上工业企业研发机构建设备案工作方案的通知》等文件。持续增强对外合作力度，启动实施"百名专家泰安行 百家企业进院所"行动。加速推进创新平台和园区建设，制定规上工业企业研发机构建设备案工作方案。持续壮大科技型企业队伍，创新研发活力不断提升。经综合评价，泰安市综合科技创新水平指数 58.62%，较上年提高 5.02 个百分点，居全省第 8 位。

图 3-9 为 2022 年泰安市一级评价指标指数与上年及全省平均水平比较情况。

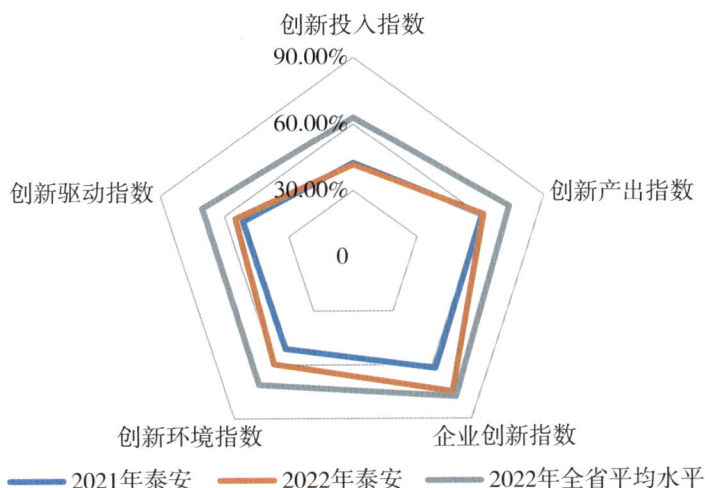

图 3-9　2022 年泰安市一级评价指标指数与上年及全省平均水平比较情况

2.科技创新总体特征

企业创新能力不断增强。2022 年，泰安市企业创新指数为 75.27%，较上年提高 13.04 个百分点，居全省第 10 位。其中，规上工业企业 R&D 经费支出较上年增长 12.02%，企业研发投入强度达到 2.51%，居全省第 3 位，较上年提高 0.12 个百分点。研发人力投入明显增强，规上工业企业 R&D 人员占规上工业企业从业人员比重达 10.87%，较上年提高 1.59 个百分点。有研发活动的规上工业企业占规上工业企业比重达到 56.09%，超过全省平均水平，企业研发创新活跃度明显提升。规上工业企业新产品销售收入、发明专利拥有量分别较上年增长 31.25%、23.95%，企业创新能力明显增强。

创新环境持续改善。2022 年，泰安市创新环境指数为 60.06%，较上年提高 8.63 个百分点，居全省第 8 位。其中，科技型企业快速增长，每万家企业法人单位中高新技术企业数居全省第 8 位。普惠性政策落实成效明显，享受研发费用加计扣除政策的规上工业企业占比达到 26%，高于全省平均水平。对外开放程度进一步提升，实际使用外资金额占 GDP 比重较上年提高 0.31 个百分点。

创新产出成效明显。2022 年，泰安市创新产出指数为 61.22%，较上年提高 0.63 个百分点，居全省第 7 位。其中，规上高新技术产业产值占比及万名研究人员科技论文数量均居全省第 4 位，技术合同成交额、发明专利授权量较上年分别增长 27.09%、18.83%，产出效益有较大提升。

科技创新促进经济高质量发展绩效提升。2022 年，泰安市创新驱动指数为 55.06%，较上年提高 3.64 个百分点，居全省第 9 位。其中，全员劳动生产效率持续提升，万元 GDP 能耗持续下降，数字经济赋能产业发展进一步提升，经济产业结构进一步优化。

3. 劣势指标分析

创新投入有待提升。2022 年，泰安市创新投入指数为 41.35%，较上年下降 0.82 个百分点。虽然全社会 R&D 经费支出有较快增长，但基础研究经费及占比均较上年有较大降幅，亟须提升高校、院所及企业的基础研究水平和原始创新能力。

产出质量有待提高。2022 年，泰安市每万人高价值发明专利拥有量增长缓慢，位次下降；每万名研究人员科技论文数量下降。

数字经济核心产业增加值占比全省排名较落后，"四新"经济增加值占 GDP 比重增长缓慢，位次下降。应结合地方资源禀赋和产业发展规划，重塑商业发展模式、城市发展模式。转变政府经济工作的思维和方式，建立多元、有效的市场监管体系，充分调动市场活力，激励创新，提升经济高质量发展的新活力、新动力。

（二）创新发展主要指标分析及位次

2022 年，泰安市地区生产总值（GDP）为 3195.64 亿元，居全省第 12 位。全员劳动生产率为 11.00 万元 / 人，居全省第 12 位。万元 GDP 综合能耗较上年降低率为 4.93%，居全省第 9 位。

研发人员全时当量为 20 649.80 人年，居全省第 11 位。每万名就业人员中研发人员数为 71.11 人年，居全省第 9 位。R&D 人员中研究人员占比为 31.64%，居全省第 4 位。规上工业企业 R&D 人员占规上工业企业从业人员比重为 10.87%，居全省第 7 位。

全社会 R&D 经费支出 83.97 亿元，较上年增长 15.68%，占 GDP 比重为 2.63%，较上年提高 0.21 个百分点，居全省第 8 位。基础研究经费支出 1.18 亿元，居全省第 12 位。地方财政科技支出为 4.94 亿元，占一般公共预算支出的比重为 1.12%，较上年提高 0.25 个百分点。规上工业企业 R&D 经费支出为 73.84 亿元，居全省第 13 位。

高新技术企业 704 家，较上年增加 181 家。每万家企业法人单位中高新技术企业数 62.65 家，居全省第 8 位。有研发活动的规上工业企业数为 755 家，居全省第 12 位。规上高新技术产业产值占规上工业产值比重为 61.18%，居全省第 4 位，较上年提高 3.68 个百分点。"四新"经济增加值占 GDP 比重为 30.77%，居全省第 10 位。

每万人高价值发明专利拥有量为 2.31 件，居全省第 13 位。发明专利授权量 997 件，居全省第 11 位。万名研究人员科技论文数为 6519.89 篇，居全省第 4 位。登记技术合同成交额 88.61 亿元，较上年增长 27.09%。

每名 R&D 人员仪器和设备支出为 1.93 万元，居全省第 12 位。科学研究和技术服务业平均工资比较系数为 118.50 %，较上年略有下降。实际使用外资金额 5.62 亿美元，占 GDP 比重为 1.18%，较上年提高 0.31 个百分点。

（三）产业发展情况

2022 年，泰安市三次产业发展回稳向好。农业稳产保供成效显现，工业生产稳健有力，服务业持续恢复。

转型升级步伐加快。高技术制造业增加值增长 42.8%，拉动规上工业增加值增速 3.3 个百分点。"四新"经济投资较上年增长 31.4%，高新技术产业投资增长 36.5%。

当前，泰安市工业经济面临较多困难，高耗能行业占比较高，工业结构偏重、能源结构偏煤特征明显，重点行业如水泥、建材、纺织、钢铁、焦化及汽车配件等受需求和能耗政策影响较大，整体竞争力有待提升。

今后，应加快推进产业链、创新链、人才链、融资链、政策链和服务链"六链融合"，围绕重点产业链（集群），采取"揭榜挂帅""竞争立项"方式，鼓励产业链企业联合协同攻关。紧扣引领和支撑高质量发展主题，推动服务业做大做强，持续壮大科技创新主体，提升创新平台提质升级，加大研发投入力度，鼓励原始创新，营造良好的创新创业氛围。

表 3–9 为 2022 年泰安市科技创新重点指标值与上年比较情况。

表 3-9　2022 年泰安市科技创新重点指标值与上年比较情况

指标名称	指标值		排名	
	2021 年	2022 年	2021 年	2022 年
全社会 R&D 经费支出（亿元）	72.59	83.97	13	13
全社会 R&D 经费支出占 GDP 比重（%）	2.42	2.63	9	8
地方财政科技支出占一般公共预算支出的比重（%）	0.87	1.12	14	11
基础研究经费支出占 R&D 经费支出的比重（%）	2.72	1.40	6	11
研发人员全时当量（人年）	19 246.65	20 649.80	10	11
每万名就业人员中研发人员数（人年）	65.23	71.11	9	9
R&D 人员中研究人员占比（%）	26.64	31.64	14	4
每亿元 GDP 技术合同成交额（万元）	232.66	277.28	11	11
每万人高价值发明专利拥有量（件）	1.79	2.31	10	13
万名研究人员科技论文数（篇）	7599.45	6519.89	3	4
每亿元 R&D 经费支出发明专利授权数（件）	11.56	11.87	12	12
规上高新技术产业产值占规上工业产值比重（%）	57.50	61.18	4	4
规上工业企业 R&D 经费支出占营业收入的比重（%）	2.39	2.51	3	3
规上工业企业 R&D 人员占规上工业企业从业人员比重（%）	9.28	10.87	10	7
有研发活动的规上工业企业数（家）	466	755	14	12
有研发活动的规上工业企业占规上工业企业比重（%）	38.04	56.09	13	7
规上工业企业新产品销售收入（亿元）	798.71	1048.32	13	14
规上工业企业新产品销售收入占营业收入比重（%）	28.95	35.63	9	11
每万名规上工业企业 R&D 人员发明专利拥有量（件）	1945.77	2013.37	10	13
每名 R&D 人员仪器和设备支出（万元）	1.22	1.93	14	12
高新技术企业数（家）	523	704	9	10
每万家企业法人单位中高新技术企业数（家）	52.52	62.65	8	8
科学研究和技术服务业平均工资比较系数（%）	126.02	118.50	5	5
实际使用外资金额占 GDP 比重（%）	0.88	1.18	14	14
享受研发费用加计扣除减免税政策的规上工业企业占规上工业企业的比重（%）	22.61	26.00	5	6
全员劳动生产率（万元／人）	10.16	11.00	12	12
"四新"经济增加值占 GDP 比重（%）	29.88	30.77	8	10
万元 GDP 综合能耗较上年降低率（%）	3.18	4.93	15	9

十、威海市

（一）科技创新发展情况

1. 科技创新总体情况

2022 年，威海市深入实施创新驱动发展战略。以建设国家创新型城市为契机，高水平编制国家创新型城市实施方案，统筹完善科技创新政策体系。推动平台提质增效，威海先进医用材料与高端医疗器械山东省实验室获批筹建，腾森橡胶轮胎技术中心被认定为国家级企业技术中心，山东省海洋养殖创新创业共同体落地威海。实施创新链体系建设工程，加快推动科技、产业、金融的融通发展。经综合评价，威海市综合科技创新水平指数为 70.31%，居全省第 5 位，与上年相比，提高了 6.71个百分点。

图 3-10 为 2022 年威海市一级评价指标指数与上年及全省平均水平比较情况。

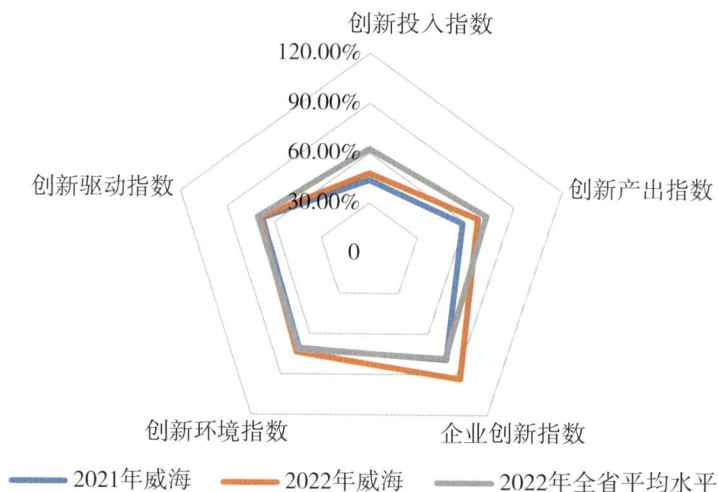

图 3-10　2022 年威海市一级评价指标指数与上年及全省平均水平比较情况

2. 科技创新总体特征

企业创新能力进一步增强。2022 年，威海市企业创新指数为 93.03%，较上年提高 14.16 个百分点，居全省第 3 位。企业研发创新能力不断增强，规上工业企业新产品销售收入占营业收入比重较上年提高 21.79 个百分点，居全省第 1 位。规上工业企业 R&D 经费支出占营业收入的比重达 3.54%，保持全省第 1 位。

创新产出成效明显。2022 年，威海市创新产出指数为 67.93%，较上年提高 9.40 个百分点，居全省第 5 位。每万人高价值发明专利拥有量较上年增长 2.38 件。高新技术产业保持优势，规上高新技术产业产值占规上工业产值比重达 69.05%，居全省第 1 位。

创新环境逐步改善。2022 年，威海市创新环境指数为 73.33%，较上年提高 2.73 个百分点，居全省第 5 位。每万家企业法人单位中高新技术企业数较上年增长 23.36 家，居全省第 1 位。普惠性税收优惠政策落实有力，享受研发费用加计扣除减免税政策的规上工业企业占规上工业企业的比重增至 27.74%，保持全省第 4 位。

创新支撑高质量发展稳中有进。2022 年，威海市创新驱动指数为 69.31%，较上年提高 1.59 个百分点，居全省第 4 位。劳动力投入产出效率较高，全员劳动生产率保持全省第 5 位。"四新"经济增加值占 GDP 比重居全省第 7 位。

创新投入较快增长。2022 年，威海市创新投入指数为 48.08%，较上年提高 4.28 个百分点，居全省第 8 位。研发人员数快速增长，每万名就业人员中研发人员数较上年增长 16.24 人年，提高幅度居全省第 6 位。基础研究经费支出占 R&D 经费支出的比重较上年提高 0.57 个百分点。

3. 劣势指标分析

科研物质条件有待改善。每名 R&D 人员仪器和设备支出较上年减少 0.24 万元，排名下降 4 位。应多渠道提供先进的实验设备和设施，赋予科研机构和科研人员更大自主权，以满足科研人员的需求。

对外开放仍需加强。实际使用外资金额及占 GDP 比重均出现下降。应将引进资金与引进高端要素资源结合，通过高水平制度型开放为外商投资创造更好的环境。

（二）创新发展主要指标分析及位次

2022 年，威海市地区生产总值（GDP）为 3406.59 亿元，居全省第 11 位。全员劳动生产率为 20.72 万元／人，居全省第 5 位。万元 GDP 综合能耗较上年降低率为 2.37%，居全省第 14 位。

研发人员全时当量为 22 132.80 人年，居全省第 9 位。每万名就业人员中研发人员数为 134.63 人年，居全省第 5 位。R&D 人员中研究人员占比为 28.24%，居全省第 10 位。规上工业企业 R&D 人员占规上工业企业从业人员比重为 11.21%，居全省第 5 位。

全社会 R&D 经费支出 87.04 亿元，较上年增长 4.53%，占 GDP 比重为 2.56%，较上年提高 0.08 个百分点，占比位次居全省第 9 位。基础研究经费支出 0.85 亿元，居全省第 14 位。地方财政科技支出为 7.76 亿元，较上年增长 1.10 亿元。规上工业企业 R&D 经费支出为 82.06 亿元，居全省第 10 位。

高新技术企业 1376 家，居全省第 7 位，较上年增加 333 家。每万家企业法人单位中高新技术企业数 133.78 家，居全省第 1 位。有研发活动的规上工业企业数为 750 家，居全省第 13 位。规上高新技术产业产值占规上工业产值比重为 69.05%，居全省第 1 位，较上年提高 1.92 个百分点。"四新"经济增加值占 GDP 比重为 31.80%，居全省第 7 位。

每万人高价值发明专利拥有量为 8.10 件，居全省第 3 位。每亿元 R&D 经费支出发明专利授权数为 17.06 件，居全省第 8 位。规上工业企业发明专利拥有量为 5035 件，居全省第 8 位。万名研究人员科技论文数为 846.26 篇，居全省第 16 位。登记技术合同成交额 169.62 亿元，较上年增长 26.61%。

每名 R&D 人员仪器和设备支出为 1.75 万元，居全省第 13 位。科学研究和技术服务业平均工资比较系数为 79.51%，居全省第 10 位。实际使用外资金额 10.77 亿美元，占 GDP 比重为 2.13%，较上年下降 0.66 个百分点。

（三）产业发展情况

2022 年，威海市经济呈现稳中有进、进中提质的发展态势。农业基础稳健牢固，工业运行总体平稳，服务行业继续恢复。

现代产业集群加速培育，"四新"经济蓬勃发展，经济发展方式由数量型扩张向效率型增长大步迈进。布局医药医疗器械、碳纤维复合材料等 8 条创新链，建设 10 家创新联合体，促进产业链、供应链、创新链有机融合。完善"链长＋专班"推进机制，加快培育七大产业集群和十条优势产业链，新增省"雁阵形"集群 2 个、省特色产业集群 1 个，迪尚集团、浦林成山、威达机械获评省"十强"产业集群领军企业。

当前，威海市产业短板仍待补齐，产业结构较为脆弱，产业优势和核心竞争力偏弱，增长潜力亟须深挖，宏观环境复杂严峻。

今后，应继续做大做强先进制造业，持续实施先进制造业强市三年行动计划，稳步培育壮大七大产业集群、十条产业链，全力支持骨干企业冲击新目标，加快制造业数字化转型，在推动制造业高端化、智能化、绿色化加速发力。持续提升现代服务业发展质量水平，推动金融服务、文化创意、现代物流、精品旅游等特色服务业快速发展，不断创新服务业发展业态模式。

表 3-10 为 2022 年威海市科技创新重点指标值与上年比较情况。

表 3-10 2022 年威海市科技创新重点指标值与上年比较情况

指标名称	指标值		排名	
	2021 年	2022 年	2021 年	2022 年
全社会 R&D 经费支出（亿元）	83.27	87.04	9	12
全社会 R&D 经费支出占 GDP 比重（%）	2.48	2.56	8	9
地方财政科技支出占一般公共预算支出的比重（%）	1.94	1.86	9	8
基础研究经费支出占 R&D 经费支出的比重（%）	0.41	0.98	15	14
研发人员全时当量（人年）	20 517.30	22 132.80	9	9
每万名就业人员中研发人员数（人年）	118.38	134.63	4	5
R&D 人员中研究人员占比（%）	29.02	28.24	10	10
每亿元 GDP 技术合同成交额（万元）	398.75	497.92	6	6
每万人高价值发明专利拥有量（件）	5.72	8.10	3	3
万名研究人员科技论文数（篇）	1371.96	846.26	16	16
每亿元 R&D 经费支出发明专利授权数（件）	12.07	17.06	10	8
规上高新技术产业产值占规上工业产值比重（%）	67.13	69.05	1	1
规上工业企业 R&D 经费支出占营业收入的比重（%）	2.75	3.54	1	1
规上工业企业 R&D 人员占规上工业企业从业人员比重（%）	10.47	11.21	7	5
有研发活动的规上工业企业数（家）	740	750	11	13
有研发活动的规上工业企业占规上工业企业比重（%）	60.96	57.16	2	3
规上工业企业新产品销售收入（亿元）	1234.51	1484.62	10	12
规上工业企业新产品销售收入占营业收入比重（%）	42.32	64.12	1	1
每万名规上工业企业 R&D 人员发明专利拥有量（件）	1877.16	2445.61	11	9
每名 R&D 人员仪器和设备支出（万元）	1.99	1.75	9	13
高新技术企业数（家）	1043	1376	6	7
每万家企业法人单位中高新技术企业数（家）	110.42	133.78	2	1
科学研究和技术服务业平均工资比较系数（%）	74.55	79.51	13	10
实际使用外资金额占 GDP 比重（%）	2.78	2.13	2	3
享受研发费用加计扣除减免税政策的规上工业企业占规上工业企业的比重（%）	25.45	27.74	4	4
全员劳动生产率（万元 / 人）	19.39	20.72	5	5
"四新"经济增加值占 GDP 比重（%）	32.27	31.80	7	7
万元 GDP 综合能耗较上年降低率（%）	3.41	2.37	14	14

十一、日照市

（一）科技创新发展情况

1. 科技创新总体情况

2022 年，日照市加快建设国家创新型城市。印发《日照市建设国家创新型城市三年行动方案（2022—2024 年）》《日照市全面建设国家创新型城市平台发展专项政策》，通过政策引导带动强大建设动力。聚焦产业优势，围绕钢铁材料、海洋智能装备等日照特色产业，布局省级重点实验室、技术创新中心等，山东省深远海绿色养殖技术创新中心中期评价通过验收，海汇集团、迈尔医疗、万通液压 3 家通过省技术创新中心现场考察，北方奇异果研究院等 4 家通过省级新型研发机构备案。经综合评价，日照市综合科技创新水平指数为 48.89%，居全省第 15 位，与上年相比，提高了 5.97 个百分点。

图 3-11 为 2022 年日照市一级评价指标指数与上年及全省平均水平比较情况。

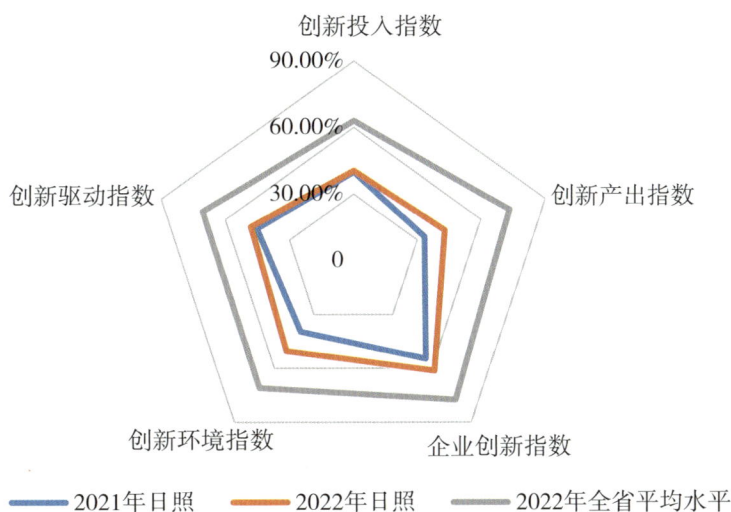

图 3-11　2022 年日照市一级评价指标指数与上年及全省平均水平比较情况

2. 科技创新总体特征

创新环境进一步优化。2022 年，日照市创新环境指数为 50.86%，较上年提高 10.79 个百分点，居全省第 13 位。科学研究和技术服务业平均工资比较系数较上年提高 20.82 个百分点，提高幅度居全省第 2 位。营商环境改善，实际使用外资金额占 GDP 比重较上年提高 0.54 个百分点，提高幅度居全省第 2 位。

创新产出稳中提质。2022 年，日照市创新产出指数为 43.02%，较上年提高 9.58 个百分点，居全省第 13 位。技术成果转化大力推进，每亿元 GDP 技术合同成交额居全省第 5 位，较上年提高 78.72 万元。每亿元 R&D 经费支出发明专利授权数较上年增长 2.72 件，提高幅度居全省第 6 位。

企业创新持续提升。2022 年，日照市企业创新指数为 61.86%，较上年提高 6.68 个百分点，居全省第 14 位。企业对创新活动的重视程度不断增加，有研发活动的规上工业企业占规上工业企业比重较上年提高 5.18 个百分点，跃升至全省第 2 位。每万名规上工业企业 R&D 人员发明专利拥有量较上年增长 490.17 件。

创新投入有所增长。2022 年，日照市创新投入指数为 40.21%，较上年提高 0.58 个百分点，保持全省第 12 位。研发经费投入强度保持高位，全社会 R&D 经费支出占 GDP 比重达 3.15%，居全省第 2 位。地方财政科技支出占一般公共预算支出的比重居全省第 3 位。

创新支撑高质量发展进程加快。2022 年，日照市创新驱动指数为 48.22%，较上年提高 2.84 个百分点，居全省第 16 位。全员劳动生产率保持全省第 8 位。"四新"经济增加值占 GDP 比重较上年提高 0.61 个百分点。

3. 劣势指标分析

研发人力强度增长较慢。研发人员全时当量、每万名就业人员中研发人员数和 R&D 人员中研究人员占比位次均有所下滑。需加大对新兴产业以及重点领域"高精尖缺"人才、企业急需紧缺人员的招引力度，通过重点培育、重点支持、重点建设，挖掘培养具有一定基础和发展潜力的本土人才团队。

高新技术产业仍需提升。规上高新技术产业产值占规上工业产值比重虽有提升，但占比仍然较低，排名居全省末位。"四新经济"增加值占比位次下降。应加强政策引导，深化开放合作，进一步优化产业结构，营造良好环境。

（二）创新发展主要指标分析及位次

2022 年，日照市地区生产总值（GDP）为 2300.72 亿元，居全省第 15 位。全员劳动生产率为 14.45 万元 / 人，居全省第 8 位。万元 GDP 综合能耗较上年降低率为 1.56%，居全省第 15 位。

研发人员全时当量为 10 867.70 人年，居全省第 15 位。每万名就业人员中研发人员数为 68.26 人年，居全省第 11 位。R&D 人员中研究人员占比为 28.11%，居全省第 11 位。规上工业企业 R&D 人员占规上工业企业从业人员比重为 10.36%，居全省第 9 位。

全社会 R&D 经费支出 72.41 亿元，较上年增长 6.09%，占 GDP 比重为 3.15%，较上年提高 0.06 个百分点，占比位次保持全省第 2 位。基础研究经费支出 0.12 亿元，居全省第 16 位。地方财政科技支出为 8.00 亿元，较上年增长 0.33 亿元。规上工业企业 R&D 经费支出为 66.84 亿元，居全省第 14 位。

高新技术企业 713 家，居全省第 9 位，较上年增加 221 家。每万家企业法人单位中高新技术企业数 74.69 家，居全省第 7 位。有研发活动的规上工业企业数为 570 家，居全省第 14 位。规上高新技术产业产值占规上工业产值比重为 28.50%，居全省第 16 位，较上年提高 12.56 个百分点。"四新"经济增加值占 GDP 比重为 30.40%，居全省第 11 位。

每万人高价值发明专利拥有量为 3.81 件，居全省第 9 位。每亿元 R&D 经费支出发明专利授权数为 10.26 件，居全省第 14 位。规上工业企业发明专利拥有量为 1928 件，居全省第 16 位。万名研究人员科技论文数为 2412.52 篇，居全省第 11 位。登记技术合同成交额 116.30 亿元，较上年增长 23.20%。

每名 R&D 人员仪器和设备支出为 1.15 万元，居全省第 16 位。科学研究和技术服务业平均工资比较系数为 100.07%，居全省第 7 位。实际使用外资金额 7.04 亿美元，占 GDP 比重为 2.06%，较上年提高 0.54 个百分点。

（三）产业发展情况

2022 年，日照市经济运行稳中提质。农业形势总体稳定，工业经济持续发展，服务业稳定恢复。

产业能级稳步提升。聚力打造 10 条重点产业链，生命健康、精细化工入选省"十强"产业"雁阵形"集群，总量达到 6 个，领军企业 9 家。山钢日照公司获评国家级绿色工厂，极限薄宽中厚板填补国内空白。五征集团、华源索具、沪鸽口腔等 9 家企业上榜省级单项冠军。高端化工产业产值增长 83.8%。新培育建筑业特级资质企业 2 家。高新区生命健康产业园建成启用。科睿特、艾锐光电、巨擘智能等新一代信息技术产业项目快速成长。

当前，日照市产业转型升级任务重，外部环境影响大，部分行业复苏乏力，钢材市场需求低迷，钢价疲软，而焦炭、铁矿石采购价格保持上涨态势，钢铁利润大幅下降。

今后，应壮大主导产业，育强新兴产业。开展融链固链强链行动，多措并举引导制造业转型升级。加快培育壮大科技型企业队伍，推动产业结构优化升级。加快钢铁产业绿色低碳转型发展，打造世界级先进钢铁制造产业基地。优化提升海右、岚山化工产业园和经开区生物医药产业园。

表 3-11 为 2022 年日照市科技创新重点指标值与上年比较情况。

表 3-11 2022 年日照市科技创新重点指标值与上年比较情况

指标名称	指标值		排名	
	2021 年	2022 年	2021 年	2022 年
全社会 R&D 经费支出（亿元）	68.25	72.41	14	14
全社会 R&D 经费支出占 GDP 比重（%）	3.09	3.15	2	2
地方财政科技支出占一般公共预算支出的比重（%）	2.83	2.77	5	3
基础研究经费支出占 R&D 经费支出的比重（%）	0.15	0.17	16	16
研发人员全时当量（人年）	10 636.95	10 867.70	14	15
每万名就业人员中研发人员数（人年）	64.56	68.26	10	11
R&D 人员中研究人员占比（%）	29.48	28.11	8	11
每亿元 GDP 技术合同成交额（万元）	426.77	505.49	4	5
每万人高价值发明专利拥有量（件）	2.33	3.81	9	9
万名研究人员科技论文数（篇）	3080.36	2412.52	10	11
每亿元 R&D 经费支出发明专利授权数（件）	7.55	10.26	15	14
规上高新技术产业产值占规上工业产值比重（%）	15.94	28.50	16	16
规上工业企业 R&D 经费支出占营业收入的比重（%）	1.38	1.52	12	12
规上工业企业 R&D 人员占规上工业企业从业人员比重（%）	10.53	10.36	6	9
有研发活动的规上工业企业数（家）	498	570	13	14
有研发活动的规上工业企业占规上工业企业比重（%）	55.39	60.57	5	2
规上工业企业新产品销售收入（亿元）	440.65	755.60	14	15
规上工业企业新产品销售收入占营业收入比重（%）	9.87	17.24	15	16
每万名规上工业企业 R&D 人员发明专利拥有量（件）	1613.99	2104.16	13	12
每名 R&D 人员仪器和设备支出（万元）	1.14	1.15	15	16
高新技术企业数（家）	492	713	10	9
每万家企业法人单位中高新技术企业数（家）	57.87	74.69	7	7
科学研究和技术服务业平均工资比较系数（%）	79.25	100.07	11	7
实际使用外资金额占 GDP 比重（%）	1.51	2.06	5	5
享受研发费用加计扣除减免税政策的规上工业企业占规上工业企业的比重（%）	9.12	12.43	16	15
全员劳动生产率（万元／人）	13.43	14.45	8	8
"四新"经济增加值占 GDP 比重（%）	29.79	30.40	9	11
万元 GDP 综合能耗较上年降低率（%）	6.08	1.56	4	15

十二、临沂市

（一）科技创新发展情况

1. 科技创新总体情况

2022 年，临沂市以创新型城市建设为抓手，推进科技自立自强。强化科技规划，出台《临沂市建设国家创新型城市三年行动计划（2022—2024 年》《关于全面加快科技创新推动工业经济高质量发展的实施意见》等文件。出台"1+N"人才新政，设立"人才飞地"10 处，引进国家级人才 8 人。沂蒙山实验室获批山东省实验室，新增国家级科创平台 6 个，金正大获批"养分资源高效利用"全国重点实验室，罗欣药业研发的全省首个国家 I 类新药上市。经综合评价，临沂市综合科技创新水平指数为 53.47%，居全省第 13 位，与上年相比，提高了 5.18 个百分点。

图 3-12 为 2022 年临沂市一级评价指标指数与上年及全省平均水平比较情况。

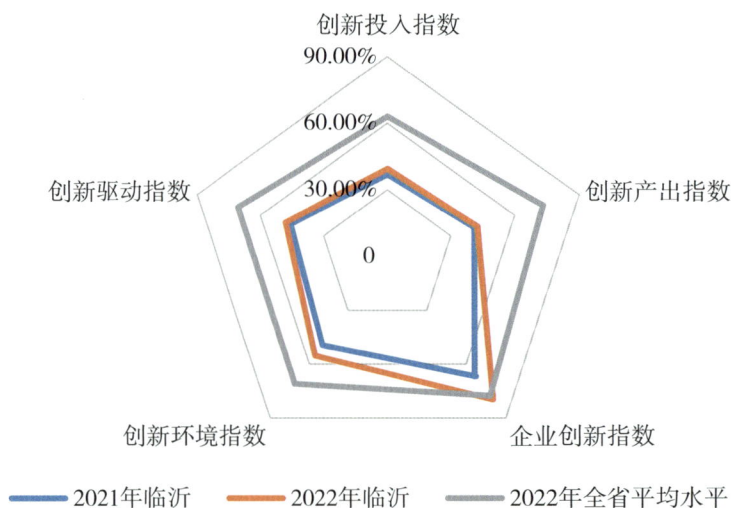

图 3-12　2022 年临沂市一级评价指标指数与上年及全省平均水平比较情况

2. 科技创新总体特征

企业创新显著增强。2022 年，临沂市企业创新指数为 80.16%，较上年提高 12.85 个百分点，居全省第 8 位。企业研发更加活跃，有研发活动的规上工业企业数较上年增长 372 家，跃居至全省第 2 位。规上工业企业 R&D 人员占规上工业企业从业人员比重较上年提高 1.23 个百分点，提高幅度居全省第 6 位。

创新环境不断优化。2022 年，临沂市创新环境指数为 55.75%，较上年提高 5.88 个百分点，居全省第 11 位。科研物质条件改善，每名 R&D 人员仪器和设备支出提升至全省第 6 位。高新技术企业数较上年增长 478 家，提高幅度居全省第 3 位。

创新产出略有提升。2022 年，临沂市创新产出指数为 42.47%，较上年提高 1.46 个百分点，居全省第 14 位。科技成果转化和技术转移活动更加活跃，每亿元 GDP 技术合同成交额位次提升 2 位。每万人高价值发明专利拥有量保持全省第 12 位。

创新投入稳步增长。2022 年，临沂市创新投入指数为 39.18%，较上年提高 2.63 个百分点，居全省第 14 位。研发经费投入增加，全社会 R&D 经费支出提升至全省第 5 位。研发人员全时当量较上年增长 6318.84 人年，增量居全省第 3 位。

创新支撑高质量发展有序推进。2022 年，临沂市创新驱动指数为 48.26%，较上年提高 2.38 个百分点，居全省第 15 位。全员劳动生产率较上年增长 0.84 万元 / 人，劳动力产出效率提高。"四新"经济增加值占 GDP 比重较上年提升 2 个位次。

3. 劣势指标分析

地方财政科技支出有所下滑。地方财政科技支出及占一般公共预算支出的比重均出现下降。应积极优化财政支出结构，围绕科技创新需求完善资金供给，落实各类奖补政策，提升科技投入效能。

科技人员待遇下降。科学研究和技术服务业平均工资比较系数较上年下降 11.32 个百分点。需加大政府投入力度，加强人才队伍建设，制定和完善科技服务业的相关标准和规范，促进科技服务业发展。

专利产出下降。每亿元 R&D 经费支出发明专利授权数下滑 4 个位次。应加大研发投入，引导和支持龙头企业联合高校、科研院所、知识产权服务机构协同推进关键核心技术攻关，加强关键核心专利布局。

（二）创新发展主要指标分析及位次

2022 年，临沂市地区生产总值（GDP）为 5775.77 亿元，居全省第 5 位。全员劳动生产率为 9.77 万元 / 人，居全省第 15 位。万元 GDP 综合能耗较上年降低率为 2.61%，居全省第 13 位。

研发人员全时当量为 28 703.80 人年，居全省第 6 位。每万名就业人员中研发人员数为 48.58 人年，居全省第 15 位。R&D 人员中研究人员占比为 25.28%，居全省第 13 位。规上工业企业 R&D 人员占规上工业企业从业人员比重为 9.02%，居全省第 12 位。

全社会 R&D 经费支出 129.60 亿元，较上年增长 14.94%，占 GDP 比重为 2.24%，较上年提高 0.20 个百分点，占比位次保持全省第 12 位。基础研究经费支出 1.60 亿元，居全省第 9 位。地方财政科技支出为 9.04 亿元，较上年减少 0.23 亿元。规上工业企业 R&D 经费支出为 119.95 亿元，居全省第 5 位。

高新技术企业 1595 家，居全省第 5 位，较上年增加 478 家。每万家企业法人单位中高新技术企业数 53.18 家，居全省第 12 位。有研发活动的规上工业企业数为 1806 家，居全省第 2 位。规上高新技术产业产值占规上工业产值比重为 43.37%，居全省第 11 位，较上年提高 1.09 个百分点。"四新"经济增加值占 GDP 比重为 30.80%，居全省第 9 位。

每万人高价值发明专利拥有量为 2.38 件，居全省第 12 位。每亿元 R&D 经费支出发明专利授权数为 11.95 件，居全省第 11 位。规上工业企业发明专利拥有量为 6695 件，居全省第 6 位。万名研究人员科技论文数为 2334.11 篇，居全省第 13 位。登记技术合同成交额 156.58 亿元，较上年增长 49.01%。

每名 R&D 人员仪器和设备支出为 2.53 万元，居全省第 6 位。科学研究和技术服务业平均工资比较系数为 77.71%，居全省第 13 位。实际使用外资金额 13.88 亿美元，占 GDP 比重为 1.62%，较上年提高 0.01 个百分点。

（三）产业发展情况

2022 年，临沂市经济保持稳中有进、进中提质的良好态势。农业稳住发展根基，工业稳住经济大盘，服务业是增长重要动力。

动能转换实现新突破。先进制造业占比提高，高新技术产业产值超过 3000 亿元，高技术产业投资增长 36.5%，"四新"产业投资增长 12.7%。服务业增加值对经济的贡献持续增长。

当前，临沂市供给冲击，工业生产仍存隐忧，机械行业受市场收缩影响产值下降，工艺品制造、纺织企业等劳动密集型产业受疫情冲击影响明显。

今后，应做优产业，抓实"链长制"，"一链一策"强化产业培育，聚焦战新产业、木业产业、机械产业、食品产业、冶金产业、化工产业、医药产业、建材产业、纺织产业取得新突破。做强企业，实施"千企千项"技改工程，综合运用数字融合、工业设计赋能，构建"龙头骨干企业、双50企业、专精特新企业、后备上市企业"的递进培育体系。

表3-12为2022年临沂市科技创新重点指标值与上年比较情况。

表 3-12　2022 年临沂市科技创新重点指标值与上年比较情况

指标名称	指标值		排名	
	2021 年	2022 年	2021 年	2022 年
全社会 R&D 经费支出（亿元）	112.75	129.60	6	5
全社会 R&D 经费支出占 GDP 比重（%）	2.04	2.24	12	12
地方财政科技支出占一般公共预算支出的比重（%）	1.15	1.03	11	13
基础研究经费支出占 R&D 经费支出的比重（%）	1.46	1.23	10	13
研发人员全时当量（人年）	22 384.96	28 703.80	7	6
每万名就业人员中研发人员数（人年）	36.24	48.58	15	15
R&D 人员中研究人员占比（%）	28.64	25.28	13	13
每亿元 GDP 技术合同成交额（万元）	190.43	271.10	15	13
每万人高价值发明专利拥有量（件）	1.64	2.38	12	12
万名研究人员科技论文数（篇）	2358.45	2334.11	13	13
每亿元 R&D 经费支出发明专利授权数（件）	14.80	11.95	7	11
规上高新技术产业产值占规上工业产值比重（%）	42.28	43.37	11	11
规上工业企业 R&D 经费支出占营业收入比重（%）	1.66	1.73	8	7
规上工业企业 R&D 人员占规上工业企业从业人员比重（%）	7.79	9.02	14	12
有研发活动的规上工业企业数（家）	1434	1806	3	2
有研发活动的规上工业企业占规上工业企业比重（%）	38.03	45.85	14	13
规上工业企业新产品销售收入（亿元）	1865.31	2542.55	6	8
规上工业企业新产品销售收入占营业收入的比重（%）	29.27	36.67	8	10
每万名规上工业企业 R&D 人员发明专利拥有量（件）	2393.76	2689.88	6	7
每名 R&D 人员仪器和设备支出（万元）	2.14	2.53	7	6
高新技术企业数（家）	1117	1595	5	5
每万家企业法人单位中高新技术企业数（家）	41.91	53.18	12	12
科学研究和技术服务业平均工资比较系数（%）	89.04	77.71	8	13
实际使用外资金额占 GDP 比重（%）	1.61	1.62	4	8
享受研发费用加计扣除减免税政策的规上工业企业占规上工业企业的比重（%）	14.24	17.03	13	13
全员劳动生产率（万元/人）	8.93	9.77	15	15
"四新"经济增加值占 GDP 比重（%）	29.70	30.80	11	9
万元 GDP 综合能耗较上年降低率（%）	4.31	2.61	10	13

十三、德州市

（一）科技创新发展情况

1. 科技创新总体情况

2022 年，德州市以国家创新型城市建设为引领，推动出台《关于进一步优化创新生态支持高水平建设国家创新型城市的若干措施》《德州市重大科技创新工程管理办法》，科技创新政策体系进一步完善。加快科技创新平台建设，推动国家高端体育装备技术创新中心尽快落地德州，率先启动科技成果转化中试基地建设，加速推进科技成果转移转化。齐鲁工业大学（山东省科学院）德州研究院落地运营，配备科研设备 5000 余万元。经综合评价，德州市综合科技创新水平指数为 56.06%，居全省第 11 位，与上年相比，提高了 8.83 个百分点。

图 3-13 为 2022 年德州市一级评价指标指数与上年及全省平均水平比较情况。

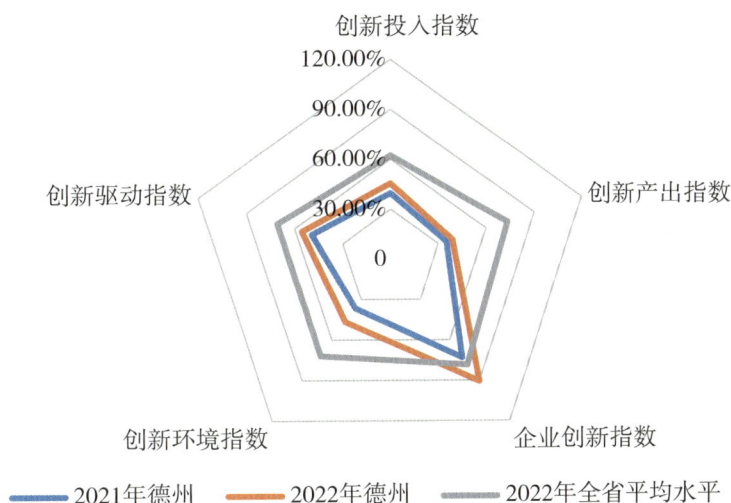

图 3-13　2022 年德州市一级评价指标指数与上年及全省平均水平比较情况

2. 科技创新总体特征

企业创新进一步提升。2022 年，德州市企业创新指数为 90.20%，较上年提高 17.53 个百分点，居全省第 4 位。企业 R&D 人员增长较快，规上工业企业 R&D 人员占规上工业企业从业人员比重较上年提升 2.69 个百分点，提高幅度居全省首位。规上工业企业新产品销售收入占营业收入比重较上年提高 12.80 个百分点，跃居至全省第 2 位。

创新支撑高质量发展卓有成效。2022 年，德州市创新驱动指数为 55.42%，较上年提高 6.07 个百分点，居全省第 8 位。万元 GDP 综合能耗较上年降低率位次较上年上升 9 位，传统产业转型升级加快。"四新"经济增加值占 GDP 比重较上年提高 1.64 个百分点，提高幅度居全省第 3 位。

创新环境得到优化。2022 年，德州市创新环境指数为 46.20%，较上年提高 10.16 个百分点，居全省第 15 位。科技服务业从业人员待遇提升较快，科学研究和技术服务业平均工资比较系数较上年提高 23.44 个百分点，提升幅度居全省首位。每万家企业法人单位中高新技术企业数较上年增 14.37 家，提高幅度居全省第 7 位。

创新投入不断增长。2022 年，德州市创新投入指数为 45.86%，较上年提高 5.88 个百分点，居全省第 9 位。地方财政科技支出占一般公共预算支出的比重较上年提高 0.63 个百分点，提高幅度居全省首位，政府对科技的重视程度不断提升。全社会 R&D 经费支出占 GDP 比重保持全省第 4 位。

创新产出稳步提升。2022 年，德州市创新产出指数为 39.16%，较上年提高 3.81 个百分点，居全省第 15 位。规上高新技术产业产值占规上工业产值比重保持全省第 9 位。技术交易活跃，每亿元 GDP 技术合同成交额较上年增长 27.46%，增速居全省第 2 位。

3. 劣势指标分析

研究人员占比减少。R&D 人员中研究人员占比较上年下降 4.54 个百分点，位次下降 6 位。需加强高层次科研人才的培养和引进，优化项目管理机制，营造引人育才的创新氛围。

专利产出有待提升。每亿元 R&D 经费支出发明专利授权数排名全省末位。应制定科学的专利策略，保护创新成果，确保技术优势，促进专利成果转化，实现优势互补。

（二）创新发展主要指标分析及位次

2022 年，德州市地区生产总值（GDP）为 3631.35 亿元，居全省第 10 位。全员劳动生产率为 11.61 万元 / 人，居全省第 11 位。万元 GDP 综合能耗较上年降低率为 12.74%，居全省第 2 位。

研发人员全时当量为 22 087.80 人年，居全省第 10 位。每万名就业人员中研发人员数为 70.59 人年，居全省第 10 位。R&D 人员中研究人员占比为 26.55%，居全省第 12 位。规上工业企业 R&D 人员占规上工业企业从业人员比重为 13.40%，居全省第 1 位。

全社会 R&D 经费支出 108.97 亿元，较上年增长 9.02%，占 GDP 比重为 3.00%，较上年提高 0.10 个百分点，占比位次保持全省第 4 位。基础研究经费支出 1.00 亿元，居全省第 13 位。地方财政科技支出为 14.92 亿元，较上年增长 5.17 亿元。规上工业企业 R&D 经费支出为 102.22 亿元，居全省第 8 位。

高新技术企业 681 家，居全省第 11 位，较上年增加 208 家。每万家企业法人单位中高新技术企业数 61.73 家，居全省第 10 位。有研发活动的规上工业企业数为 1079 家，居全省第 8 位。规上高新技术产业产值占规上工业产值比重为 47.39%，居全省第 9 位，较上年提高 1.97 个百分点。"四新"经济增加值占 GDP 比重为 31.42%，居全省第 8 位。

每万人高价值发明专利拥有量为 2.01 件，居全省第 14 位。每亿元 R&D 经费支出发明专利授权数为 8.83 件，居全省第 16 位。规上工业企业发明专利拥有量为 4744 件，居全省第 9 位。万名研究人员科技论文数为 1816.18 篇，居全省第 14 位。登记技术合同成交额 87.58 亿元，较上年增长 34.20%。

每名 R&D 人员仪器和设备支出为 1.50 万元，居全省第 15 位。科学研究和技术服务业平均工资比较系数为 78.88%，居全省第 12 位。实际使用外资金额 6.41 亿美元，占 GDP 比重为 1.19%，较上年提高 0.34 个百分点。

（三）产业发展情况

2022 年，德州市经济质效持续提升。农业供给保持稳定，工业生产持续增长，服务业发展支撑有力。

先进制造业塑型提质。集中培植电子信息等七大主导产业，优选 11 条产业链做实"链长制"，装备制造业增加值增长 17.6%，"四新"经济增加值增长 13.9%，高技术制造业增加值增长 39.4%，开展数字经济发展"十百千万"工程，多渠道打造大数据应用场景，加快推动互联网医疗、在线教育、智慧物业等新业态发展。

当前，德州市工业稳增长仍需发力，单体规模偏弱偏小，缺大少强制约发展。产业发展结构不优，转型升级亟待加速。新兴产业作用有限，新动能规模亟须膨胀。

今后，应推动绿色低碳高质量发展，高位推动综合示范区建设，强力推进化工、钢铁、纺织等行业"一业一策"实施高端化、智能化、绿色化专项改造，加快培育先进制造业、战略性新兴产业集群，协同推进降碳、减污、扩绿、增长，构建生态优先、节约集约、绿色低碳发展新格局。

表3-13为2022年德州市科技创新重点指标值与上年比较情况。

表 3-13 2022 年德州市科技创新重点指标值与上年比较情况

指标名称	指标值		排名	
	2021 年	2022 年	2021 年	2022 年
全社会 R&D 经费支出（亿元）	99.95	108.97	8	8
全社会 R&D 经费支出占 GDP 比重（%）	2.90	3.00	4	4
地方财政科技支出占一般公共预算支出的比重（%）	1.98	2.60	8	4
基础研究经费支出占 R&D 经费支出的比重（%）	0.55	0.92	14	15
研发人员全时当量（人年）	17 314.50	22 087.80	11	10
每万名就业人员中研发人员数（人年）	53.58	70.59	12	10
R&D 人员中研究人员占比（%）	31.09	26.55	6	12
每亿元 GDP 技术合同成交额（万元）	189.23	241.18	16	15
每万人高价值发明专利拥有量（件）	1.36	2.01	14	14
万名研究人员科技论文数（篇）	2225.52	1816.18	14	14
每亿元 R&D 经费支出发明专利授权数（件）	6.19	8.83	16	16
规上高新技术产业产值占规上工业产值比重（%）	45.42	47.39	9	9
规上工业企业 R&D 经费支出占营业收入的比重（%）	2.55	2.74	2	2
规上工业企业 R&D 人员占规上工业企业从业人员比重（%）	10.71	13.40	3	1
有研发活动的规上工业企业数（家）	745	1079	10	8
有研发活动的规上工业企业占规上工业企业比重（%）	44.21	55.94	10	8
规上工业企业新产品销售收入（亿元）	1148.76	1641.98	11	11
规上工业企业新产品销售收入占营业收入比重（%）	31.23	44.03	6	2
每万名规上工业企业 R&D 人员发明专利拥有量（件）	2331.24	2471.71	7	8
每名 R&D 人员仪器和设备支出（万元）	1.14	1.50	16	15
高新技术企业数（家）	473	681	11	11
每万家企业法人单位中高新技术企业数（家）	47.36	61.73	10	10
科学研究和技术服务业平均工资比较系数（%）	55.44	78.88	16	12
实际使用外资金额占 GDP 比重（%）	0.85	1.19	15	13
享受研发费用加计扣除减免税政策的规上工业企业占规上工业企业的比重（%）	15.19	16.23	12	14
全员劳动生产率（万元／人）	10.67	11.61	11	11
"四新"经济增加值占 GDP 比重（%）	29.78	31.42	10	8
万元 GDP 综合能耗较上年降低率（%）	4.18	12.74	11	2

十四、聊城市

（一）科技创新发展情况

1. 科技创新总体情况

2022 年，聊城市高效集聚创新资源，持续激发科技动能，制定《围绕产业链部署创新链助力制造业强市三年攻坚行动实施方案》《重点研发计划政策引导类项目实施细则》《科技助力中小企业攀登计划实施办法》等政策，净增科技型中小企业170 家、高新技术企业 200 家以上。新增省级以上创新平台 21 家，专利授权量增长15%，聊城山东省大学科技园成功获批。深入推进产学研合作，开展了"落实黄河战略赋能制造业强市"产学研合作系列活动，先后同中国科学院大学、西安交通大学、长安大学、西北工业大学、山东科技大学开展对接，对 33 个产学研合作项目进行支持。经综合评价，聊城市综合科技创新水平指数为 54.72%，居全省第 12 位，与上年相比，提高了 5.03 个百分点。

图 3-14 为 2022 年聊城市一级评价指标指数与上年及全省平均水平比较情况。

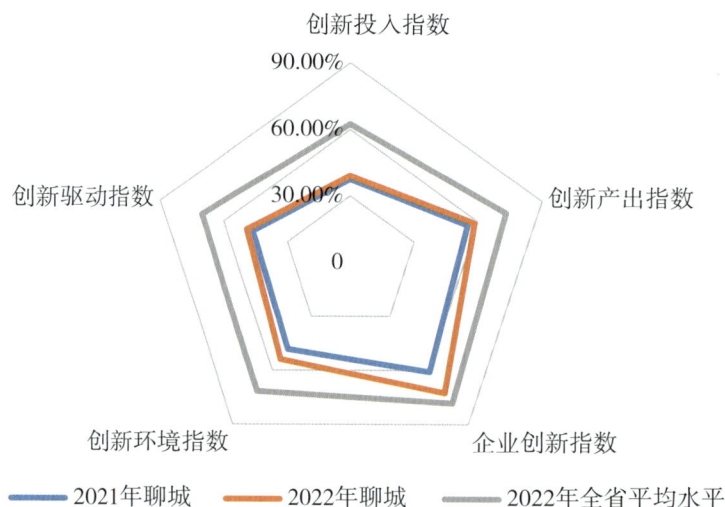

图 3-14　2022 年聊城市一级评价指标指数与上年及全省平均水平比较情况

2. 科技创新总体特征

企业创新能力进一步增强。2022 年，聊城市企业创新指数为 72.28%，较上年提高 11.57 个百分点，居全省第 11 位。规上工业企业 R&D 经费支出占营业收入的比重保持第 6 位。产品升级优化，规上工业企业新产品销售收入较上年增长 545.50 亿元，规上工业企业新产品销售收入占营业收入比重位次提升 5 位。

创新环境持续优化。2022 年，聊城市创新环境指数为 53.65%，较上年提高 5.55 个百分点，居全省第 12 位。科学研究和技术服务业平均工资比较系数居全省第 4 位。科研物质条件改善，每名 R&D 人员仪器和设备支出较上年增长 0.47 万元，提高幅度居全省第 4 位。享受研发费用加计扣除减免税政策的规上工业企业占规上工业企业的比重位次提升 2 位。

创新产出稳步提升。2022 年，聊城市创新产出指数为 58.54%，较上年提高 3.30 个百分点，居全省第 10 位。技术交易活跃，每亿元 GDP 技术合同成交额增至 525.34 万元，保持全省第 3 位。规上高新技术产业产值占规上工业产值比重较上年提高 3.69 个百分点，提高幅度居全省第 4 位。

创新支撑高质量发展步伐稳健。2022 年，聊城市创新驱动指数为 48.99%，较上年提高 2.65 个百分点，居全省第 14 位。新经济新产业持续引领，"四新"经济增加值占 GDP 比重提升至全省第 5 位。万元 GDP 综合能耗较上年降低率居全省第 8 位。

创新投入继续加大。2022 年，聊城市创新投入指数为 39.28%，较上年提高 1.60 个百分点，居全省第 13 位。全社会 R&D 经费支出较上年增长 6.27 亿元，全社会 R&D 经费支出占 GDP 比重保持全省第 3 位。研发人员全时当量较上年增长 2344.15 人年。

3. 劣势指标分析

专利产出相对较弱。每万人高价值发明专利拥有量、每万名规上工业企业 R&D 人员发明专利拥有量、每亿元 R&D 经费支出发明专利授权数排名相对落后。应注重质量导向，引导企业、高校、科研院所加强关键核心技术核心知识产权的创造和储备，形成更多高价值专利组合。

地方财政科技支出减少。地方财政科技支出及占一般公共预算支出的比重均出现下降，且居于全省末位。应深化财政体制改革，扩大地方财政自主权，加强地方政府对科技产业的扶持。

研究人员数量较少。R&D 人员中研究人员占比较上年下降且位次相对落后。需大力引进高层次创新人才，并落实研究人员工资分配激励机制，依托高校科研人员、科研平台、科研成果资源优势，努力培养、集聚一批高层次科研人才。

（二）创新发展主要指标分析及位次

2022 年，聊城市地区生产总值（GDP）为 2805.03 亿元，居全省第 14 位。全员劳动生产率为 10.06 万元 / 人，居全省第 14 位。万元 GDP 综合能耗较上年降低率为 5.12%，居全省第 8 位。

研发人员全时当量为 16291.50 人年，居全省第 13 位。每万名就业人员中研发人员数为 58.46 人年，居全省第 13 位。R&D 人员中研究人员占比为 9.80%，居全省第 10 位。规上工业企业 R&D 人员占规上工业企业从业人员比重为 23.77%，居全省第 15 位。

全社会 R&D 经费支出 87.13 亿元，较上年增长 7.76%，占 GDP 比重为 3.11%，较上年提高 0.05 个百分点，占比位次保持全省第 3 位。基础研究经费支出 1.63 亿元，居全省第 8 位。地方财政科技支出为 0.97 亿元，较上年减少 0.86 亿元。规上工业企业 R&D 经费支出为 81.77 亿元，居全省第 11 位。

高新技术企业 609 家，居全省第 13 位，较上年增加 202 家。每万家企业法人单位中高新技术企业数 43.20 家，居全省第 15 位。有研发活动的规上工业企业数为 914 家，居全省第 11 位。规上高新技术产业产值占规上工业产值比重为 51.96%，居全省第 7 位，较上年提高 3.69 个百分点。"四新"经济增加值占 GDP 比重为 33.90%，居全省第 5 位。

每万人高价值发明专利拥有量为 1.77 件，居全省第 15 位。每亿元 R&D 经费支出发明专利授权数为 10.93 件，居全省第 13 位。规上工业企业发明专利拥有量为 2831 件，居全省第 13 位。万名研究人员科技论文数为 5686.20 篇，居全省第 5 位。登记技术合同成交额 147.36 亿元，较上年增长 26.76%。

每名 R&D 人员仪器和设备支出为 2.33 万元，居全省第 11 位。科学研究和技术服务业平均工资比较系数为 119.86%，居全省第 4 位。实际使用外资金额 4.79 亿美元，占 GDP 比重为 1.15%，较上年提高 0.04 个百分点。

（三）产业发展情况

2022 年，聊城市经济运行稳中有进。农业生产总体平稳，工业经济持续向好，服务业保持恢复。

产业转型积蓄新动能。高技术制造业增加值增长 7.4%，装备制造业增加值增长 16.2%，现代服务业占比较上年提高 0.6 个百分点。可再生能源发展迅速，光伏装机容量增长 35.3%。抓实做优"链长制"，实施"助企远航行动"，集中打造 20 个产业集群，新增省"十强"产业"雁阵形"集群 3 个、特色产业集群 2 个。

当前，聊城市工业发展基础不牢固，重点行业增长动能不足，发展转型压力加大，经济结构、产业结构、能源结构等仍在深度调整。

今后，应培大扶强先进制造业。启动三年攻坚突破行动，建设特色鲜明、主峰凸显的制造业强市。提升产业链条竞争力，增强系统性、前瞻性谋划，出台"一业一策"政策措施，重点打造铝加工、化工新材料、轴承等标志性产业链。发挥"链长"统筹指导和"链主"引领带动作用，优先保障链主企业、重点项目要素供给，突出抓好 100 个强链延链补链项目，培育优良产业生态。推动专精特新企业卡位入链，促进大中小企业融通发展。

表 3-14 为 2022 年聊城市科技创新重点指标值与上年比较情况。

表 3-14　2022 年聊城市科技创新重点指标值与上年比较情况

指标名称	指标值		排名	
	2021 年	2022 年	2021 年	2022 年
全社会 R&D 经费支出（亿元）	80.86	87.13	11	11
全社会 R&D 经费支出占 GDP 比重（%）	3.06	3.11	3	3
地方财政科技支出占一般公共预算支出的比重（%）	0.37	0.19	16	16
基础研究经费支出占 R&D 经费支出的比重（%）	1.73	1.87	8	9
研发人员全时当量（人年）	13 947.35	16 291.50	12	13
每万名就业人员中研发人员数（人年）	49.17	58.46	13	13
R&D 人员中研究人员占比（%）	26.01	23.77	15	15
每亿元 GDP 技术合同成交额（万元）	439.92	525.34	3	3
每万人高价值发明专利拥有量（件）	1.30	1.77	15	15
万名研究人员科技论文数（篇）	5873.76	5686.20	5	5
每亿元 R&D 经费支出发明专利授权数（件）	11.38	10.93	13	13
规上高新技术产业产值占规上工业产值比重（%）	48.27	51.96	7	7
规上工业企业 R&D 经费支出占营业收入的比重（%）	1.68	1.84	6	6
规上工业企业 R&D 人员占规上工业企业从业人员比重（%）	8.74	9.80	12	10
有研发活动的规上工业企业数（家）	778	914	9	11
有研发活动的规上工业企业占规上工业企业比重（%）	50.45	55.60	8	10
规上工业企业新产品销售收入（亿元）	1102.72	1648.22	12	10
规上工业企业新产品销售收入占营业收入比重（%）	24.69	36.99	12	7
每万名规上工业企业 R&D 人员发明专利拥有量（件）	1602.70	1950.01	14	14
每名 R&D 人员仪器和设备支出（万元）	1.86	2.33	12	11
高新技术企业数（家）	407	609	13	13
每万家企业法人单位中高新技术企业数（家）	31.04	43.20	15	15
科学研究和技术服务业平均工资比较系数（%）	144.35	119.86	2	4
实际使用外资金额占 GDP 比重（%）	1.11	1.15	13	15
享受研发费用加计扣除减免税政策的规上工业企业占规上工业企业的比重（%）	12.84	18.13	14	12
全员劳动生产率（万元/人）	9.32	10.06	14	14
"四新"经济增加值占 GDP 比重（%）	32.44	33.90	6	5
万元 GDP 综合能耗较上年降低率（%）	5.84	5.12	6	8

十五、滨州市

（一）科技创新发展情况

1. 科技创新总体情况

2022 年，滨州市聚焦高水平科技自立自强，集聚创新要素，深化协同创新，创新成效明显。优化服务生态，成立涵盖 150 家企业、研发机构的滨州市科技创新联合会，打造"覆盖面广、要素齐全"的科技服务生态。渤海先进技术研究院成立全市首支科创基金，以股权投资形式，支持高科技项目落户滨州。用足用活高能级创新平台，在全市"十强产业"重点领域布局建设省级重点实验室 6 家、省级技术创新中心 3 家、市级重点实验室 51 家。大力培育新型研发机构，备案省级新型研发机构 18 家、市级新型研发机构 28 家。经综合评价，滨州市综合科技创新水平指数为 57.07%，居全省第 10 位，与上年相比，提高 3.18 个百分点。

图 3-15 为 2022 年滨州市一级评价指标指数与上年及全省平均水平比较情况。

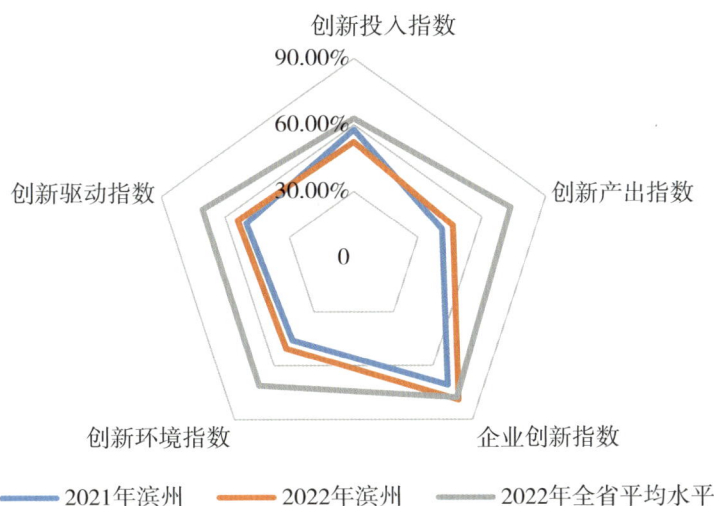

图 3-15　2022 年滨州市一级评价指标指数与上年及全省平均水平比较情况

2. 科技创新总体特征

企业创新能力进一步增强。2022 年，滨州市企业创新指数为 79.36%，较上年提高 8.28 个百分点，居全省第 9 位。企业研发活动加强，有研发活动的规上工业企业占规上工业企业比重达 65.79%，保持全省第 1 位。规上工业企业新产品销售收入较上年增长 976.04 亿元，居全省第 4 位，创新成果连续涌现。

创新产出继续提升。2022 年，滨州市创新产出指数为 46.36%，较上年提高 5.11 个百分点，居全省第 12 位。技术交易活跃，每亿元 GDP 技术合同成交额较上年增长 95.53 万元，提高幅度居全省第 4 位。万名研究人员科技论文数位次提升 3 位。技术实力不断增强，每万人高价值发明专利拥有量较上年增长 1.46 件。

创新环境持续改善。2022 年，滨州市创新环境指数为 50.78%，较上年提高 4.63 个百分点，居全省第 14 位。科研人员待遇向好，科学研究和技术服务业平均工资比较系数较上年提高 16.61 个百分点，提高幅度居全省第 3 位。实际使用外资金额占 GDP 比重位次提升 2 位。

创新支撑高质量发展力度加强。2022 年，滨州市创新驱动指数为 54.14%，较上年提高 4.01 个百分点，居全省第 10 位。新经济新业态持续发力，"四新"经济增加值占 GDP 比重保持全省第 2 位。万元 GDP 综合能耗较上年降低率降幅扩大为 7.52%，节能降耗成效显著。

3. 劣势指标分析

地方财政科技支出下降。地方财政科技支出及占一般公共预算支出的比重在全省降幅最大，需引起重视。应进一步扶持对科技产业的发展，扩大财政科技支出的绝对规模和相对规模，形成稳定增长机制以保证财政科技支出的投入。

研究人员数量偏少。R&D 人员中研究人员占比居全省末位。需加大对科研人员的资金支持，提高研究人员的待遇，吸引更多高层次人才参与研究工作。

企业专利产出仍需提升。规上工业企业发明专利拥有量及每万名规上工业企业 R&D 人员发明专利拥有量排名均相对落后。应加大研发力度，制定专利策略，加强产学研合作，提高专利优势。

（二）创新发展主要指标分析及位次

2022 年，滨州市地区生产总值（GDP）为 3005.03 亿元，居全省第 13 位。全员劳动生产率为 14.52 万元 / 人，居全省第 7 位。万元 GDP 综合能耗较上年降低率为 7.52%，居全省第 3 位。

研发人员全时当量为 23 296.80 人年，居全省第 8 位。每万名就业人员中研发人员数为 112.54 人年，居全省第 7 位。R&D 人员中研究人员占比为 18.29%，居全省第 16 位。规上工业企业 R&D 人员占规上工业企业从业人员比重为 11.21%，居全省第 6 位。

全社会 R&D 经费支出 110.66 亿元，较上年增长 10.28%，占 GDP 比重为 3.68%，较上年提高 0.19 个百分点，占比位次保持全省第 1 位。基础研究经费支出 1.41 亿元，居全省第 10 位。地方财政科技支出为 9.86 亿元，较上年减少 16.02 亿元。规上工业企业 R&D 经费支出为 103.04 亿元，居全省第 7 位。

高新技术企业 559 家，居全省第 14 位，较上年增加 169 家。每万家企业法人单位中高新技术企业数 45.48 家，居全省第 14 位。有研发活动的规上工业企业数为 1048 家，居全省第 9 位。规上高新技术产业产值占规上工业产值比重为 40.88%，居全省第 13 位，较上年降低 1.11 个百分点。"四新"经济增加值占 GDP 比重为 38.52%，居全省第 2 位。

每万人高价值发明专利拥有量为 3.83 件，居全省第 8 位。每亿元 R&D 经费支出发明专利授权数为 9.05 件，居全省第 15 位。规上工业企业发明专利拥有量为 3284 件，居全省第 12 位。万名研究人员科技论文数为 2351.01 篇，居全省第 12 位。登记技术合同成交额 141.60 亿元，较上年增长 31.23%。

每名 R&D 人员仪器和设备支出为 1.71 万元，居全省第 14 位。科学研究和技术服务业平均工资比较系数为 101.21%，居全省第 6 位。实际使用外资金额 6.79 亿美元，占 GDP 比重为 1.52%，较上年提高 0.36 个百分点。

（三）产业发展情况

2022 年，滨州市经济运行稳中有进。农业发展稳固增效，工业经济运行平稳，服务业支撑有力。

新旧动能接续转换。轻量化铝新材料入选省战新产业集群。新增 256 家市级以上"专精特新"企业，总量实现当年翻番。培育壮大新动能，高技术制造业增加值比上年增长 43.7%，高于规模以上工业 42.0 个百分点，其中电子及通信设备制造业、仪器仪表制造业分别增长 71.9%、23.8%。重点项目强力支撑，渤中 19-6 凝析气田项目开工建设，滨华碳三碳四、京博动能转换综合体等百亿级项目陆续投产。

当前，滨州市产业转型升级任务繁重，产能转移退出压力加大，新兴产业规模偏小，新动能支撑仍然乏力。

今后，应培育壮大优势集群。开展"工业立市、实业强市"三年攻坚，实施"十百千万"培育工程，支持魏桥、京博、滨化、西王等"链主"企业发挥引领带动作用，加快产业延链补链强链，推动存量改造、增量扩展，促进五大千亿级优势产业集群不断壮大。扶持金属板材进军千亿规模，引导化纤绳网、商用厨具等加快发展。

表3-15为2022年滨州市科技创新重点指标值与上年比较情况。

表 3-15　2022 年滨州市科技创新重点指标值与上年比较情况

指标名称	指标值		排名	
	2021 年	2022 年	2021 年	2022 年
全社会 R&D 经费支出（亿元）	100.35	110.66	7	7
全社会 R&D 经费支出占 GDP 比重（%）	3.49	3.68	1	1
地方财政科技支出占一般公共预算支出的比重（%）	5.41	2.05	1	6
基础研究经费支出占 R&D 经费支出的比重（%）	1.12	1.27	13	12
研发人员全时当量（人年）	20 780.70	23 296.80	8	8
每万名就业人员中研发人员数（人年）	98.75	112.54	6	7
R&D 人员中研究人员占比（%）	20.51	18.29	16	16
每亿元 GDP 技术合同成交额（万元）	375.68	471.21	7	7
每万人高价值发明专利拥有量（件）	2.37	3.83	8	8
万名研究人员科技论文数（篇）	2151.57	2351.01	15	12
每亿元 R&D 经费支出发明专利授权数（件）	8.69	9.05	14	15
规上高新技术产业产值占规上工业产值比重（%）	41.99	40.88	12	13
规上工业企业 R&D 经费支出占营业收入的比重（%）	1.04	1.03	14	14
规上工业企业 R&D 人员占规上工业企业从业人员比重（%）	10.60	11.21	4	6
有研发活动的规上工业企业数（家）	970	1048	8	9
有研发活动的规上工业企业占规上工业企业比重（%）	64.93	65.79	1	1
规上工业企业新产品销售收入（亿元）	2724.37	3700.41	4	4
规上工业企业新产品销售收入占营业收入比重（%）	29.58	36.91	7	8
每万名规上工业企业 R&D 人员发明专利拥有量（件）	1212.06	1513.21	16	16
每名 R&D 人员仪器和设备支出（万元）	2.00	1.71	8	14
高新技术企业数（家）	390	559	14	14
每万家企业法人单位中高新技术企业数（家）	35.34	45.48	14	14
科学研究和技术服务业平均工资比较系数（%）	84.60	101.21	10	6
实际使用外资金额占 GDP 比重（%）	1.15	1.51	12	10
享受研发费用加计扣除减免税政策的规上工业企业占规上工业企业的比重（%）	19.28	19.52	8	10
全员劳动生产率（万元／人）	13.65	14.52	7	7
"四新"经济增加值占 GDP 比重（%）	36.74	38.52	2	2
万元 GDP 综合能耗较上年降低率（%）	7.16	7.52	1	3

十六、菏泽市

（一）科技创新发展情况

1. 科技创新总体情况

2022 年，菏泽市紧紧围绕企业攀登、产业升级两大主线，实施关键技术突破计划。构建"1+N"协同创新体系，在高端装备、高端化工 2 个领域破题突围，实施重点项目 36 项。实施重大产业技术创新项目，启动实施"工程机械智慧施工关键技术研究及应用"等"全球揭榜"项目 8 项。经综合评价，菏泽市综合科技创新水平指数为 41.64%，居全省第 16 位，与上年相比，提高了 7.66 个百分点。

图 3-16 为 2022 年菏泽市一级评价指标指数与上年及全省平均水平比较情况。

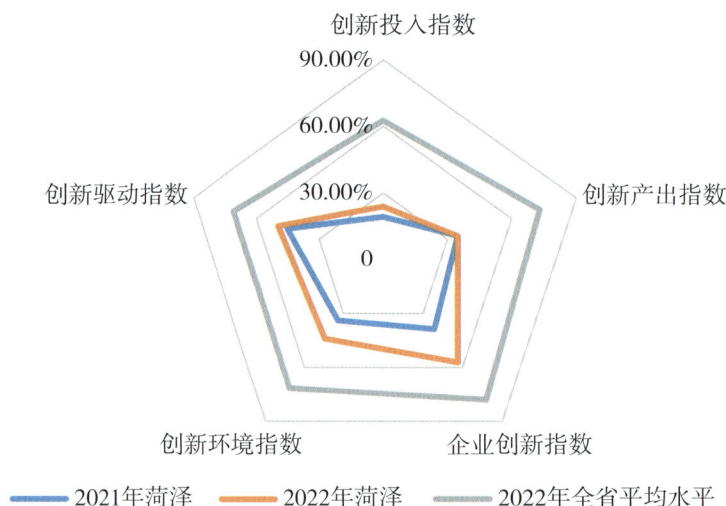

图 3-16　2022 年菏泽市一级评价指标指数与上年及全省平均水平比较情况

2. 科技创新总体特征

企业创新有所增强。2022 年，菏泽市企业创新指数为 56.97%，较上年提高 18.26 个百分点，居全省第 16 位。企业研发活跃度进一步增强，有研发活动的规上工业企业数较上年增长 401 家，增幅居全省首位，有研发活动的规上工业企业占规上工业企业比重较上年提高 12.93 个百分点。产品优化升级，规上工业企业新产品销售收入较上年增长 1038.81 亿元，规上工业企业新产品销售收入占营业收入比重较上年提高 16.42 个百分点。

创新环境逐步优化、改进。2022 年，菏泽市创新环境指数为 43.79%，较上年提高 9.90 个百分点，居全省第 16 位。每名 R&D 人员仪器和设备支出位次提升 8 位。外资利用水平提高，实际使用外资金额占 GDP 比重较上年提高 0.17 个百分点。

创新支撑高质量发展力度进一步加大。2022 年，菏泽市创新驱动指数 49.43%，较上年提高 4.32 个百分点，居全省第 12 位。绿色转型升级成效显著，万元 GDP 综合能耗较上年降低率保持全省第 7 位。全员劳动生产率较上年增长 0.87 万元/人。

创新投入持续增加。2022 年，菏泽市创新投入指数为 24.11%，较上年提高 4.80 个百分点，居全省第 16 位。研发经费投入增长，全社会 R&D 经费支出较上年增长 8.33 亿元，全社会 R&D 经费支出占 GDP 比重提高 0.15 个百分点，占比增幅居全省第 7 位。基础研究经费支出占 R&D 经费支出的比重位次提升至第 10 位。

3. 劣势指标分析

研发实力薄弱。尽管研发经费投入、每万名就业人员中研发人员等指标较上年度有了明显增长，但是规模总量在全省仍然处于较低的水平。需强化企业研发投入主体地位，鼓励企业加大研发投入，加强产学研合作力度，大力发展新型研发机构。

高企培育增长有待提升。高新技术企业数和每万家企业法人单位中高新技术企业数均居全省末位，高企数量增长缓慢。需持续加大高新技术企业培育力度，强化源头孵化培育，进一步提高科技企业孵化器的有效孵化产出率，培养造就一大批高新技术企业"后备军"。

（二）创新发展主要指标分析及位次

2022 年，菏泽市地区生产总值（GDP）为 4245.35 亿元，居全省第 8 位。全员劳动生产率为 9.17 万元/人，居全省第 16 位。万元 GDP 综合能耗较上年降低率为 5.48%，居全省第 7 位。

研发人员全时当量为 14 529.40 人年，居全省第 14 位。每万名就业人员中研发人员数为 31.37 人年，居全省第 16 位。R&D 人员中研究人员占比为 28.40%，居全省第 9 位。规上工业企业 R&D 人员占规上工业企业从业人员比重为 9.06%，居全省第 11 位。

全社会 R&D 经费支出 38.65 亿元，较上年增长 27.46%，占 GDP 比重为 0.91%，较上年提高 0.15 个百分点，占比位次保持全省第 16 位。基础研究经费支出 0.55 亿元，居全省第 15 位。地方财政科技支出为 4.50 亿元，较上年增长 1.83 亿元。规上工业企业 R&D 经费支出为 37.38 亿元，居全省第 15 位。

高新技术企业 447 家，居全省第 16 位，较上年增加 126 家。每万家企业法人单位中高新技术企业数 33.05 家，居全省第 16 位。有研发活动的规上工业企业数为 1112 家，居全省第 7 位。规上高新技术产业产值占规上工业产值比重为 35.81%，居全省第 15 位，较上年提高 1.23 个百分点。"四新"经济增加值占 GDP 比重为 28.80%，居全省第 14 位。

每万人高价值发明专利拥有量为 1.26 件，居全省第 16 位。每亿元 R&D 经费支出发明专利授权数为 13.14 件，居全省第 10 位。规上工业企业发明专利拥有量为 2166 件，居全省第 15 位。万名研究人员科技论文数为 1543.77 篇，居全省第 15 位。登记技术合同成交额 98.52 亿元，较上年增长 22.08%。

每名 R&D 人员仪器和设备支出为 3.45 万元，居全省第 2 位。科学研究和技术服务业平均工资比较系数为 61.13%，居全省第 16 位。实际使用外资金额 6.16 亿美元，占 GDP 比重为 0.98%，较上年提高 0.17 个百分点。

（三）产业发展情况

2022 年，菏泽市经济运行总体保持稳中有进、进中提质的良好态势。农业生产总体稳定，工业生产增速加快，服务业实现恢复性增长。

动能转换发力见效。大力实施工业强市和创新驱动发展战略，持续加大项目招引和建设力度，新经济、新动能加速成长。特色产业不断壮大。生物医药、高端化工营业收入快速增长，现代医药港发展势头强劲。新增省"十强"产业"雁阵形"集群 2 个、特色产业集群 2 个。新增省"十强"产业集群领军企业 4 家、高端品牌培育企业 10 家。

当前，菏泽市特色产业发展还不充分，转型升级有待加快，创新能力差距较大，开放型经济规模偏小。

今后，应着力构建现代产业体系，实现重点产业突破。聚焦产业生态"建圈""强链"，推进"231"特色产业体系裂升级。继续把生物医药产业作为首选核心产业，加快壮大政府引导基金，放大现代医药港"头雁效应"，加快推动生物药、高端医疗器械项目和持有人总部建设。坚持把高端化工产业作为支柱财源，持续推进 9 个省级化园区规范化建设，推动高端化工产业扩能提质。

表 3-16 为 2022 年菏泽市科技创新重点指标值与上年比较情况。

表 3-16　2022 年菏泽市科技创新重点指标值与上年比较情况

指标名称	指标值		排名	
	2021 年	2022 年	2021 年	2022 年
全社会 R&D 经费支出（亿元）	30.32	38.65	16	15
全社会 R&D 经费支出占 GDP 比重（%）	0.76	0.91	16	16
地方财政科技支出占一般公共预算支出的比重（%）	0.42	0.65	15	15
基础研究经费支出占 R&D 经费支出的比重（%）	1.15	1.42	12	10
研发人员全时当量（人年）	9512.50	14 529.40	15	14
每万名就业人员中研发人员数（人年）	19.84	31.37	16	16
R&D 人员中研究人员占比（%）	28.98	28.40	11	9
每亿元 GDP 技术合同成交额（万元）	202.93	232.07	14	16
每万人高价值发明专利拥有量（件）	0.71	1.26	16	16
万名研究人员科技论文数（篇）	2524.48	1543.77	12	15
每亿元 R&D 经费支出发明专利授权数（件）	12.17	13.14	9	10
规上高新技术产业产值占规上工业产值比重（%）	34.58	35.81	15	15
规上工业企业 R&D 经费支出占营业收入的比重（%）	0.55	0.62	16	16
规上工业企业 R&D 人员占规上工业企业从业人员比重（%）	7.12	9.06	16	11
有研发活动的规上工业企业数（家）	711	1112	12	7
有研发活动的规上工业企业占规上工业企业比重（%）	32.06	44.98	16	14
规上工业企业新产品销售收入（亿元）	384.07	1422.87	15	13
规上工业企业新产品销售收入占营业收入比重（%）	7.26	23.67	16	15
每万名规上工业企业 R&D 人员发明专利拥有量（件）	1626.54	1558.22	12	15
每名 R&D 人员仪器和设备支出（万元）	1.98	3.45	10	2
高新技术企业数（家）	321	447	16	16
每万家企业法人单位中高新技术企业数（家）	26.65	33.05	16	16
科学研究和技术服务业平均工资比较系数（%）	66.01	61.13	15	16
实际使用外资金额占 GDP 比重（%）	0.81	0.98	16	16
享受研发费用加计扣除减免税政策的规上工业企业占规上工业企业的比重（%）	9.15	9.99	15	16
全员劳动生产率（万元 / 人）	8.30	9.17	16	16
"四新"经济增加值占 GDP 比重（%）	28.00	28.80	14	14
万元 GDP 综合能耗较上年降低率（%）	5.37	5.48	7	7

附　录

一、指标体系

附表 1　区域科技创新能力评价指标体系

一级指标	序号	二级指标	数据来源
创新投入	1	研发经费投入指数	山东统计年鉴
	2	地方财政科技支出占一般公共预算支出的比重（%）	山东统计年鉴
	3	基础研究经费支出占 R&D 经费支出的比重（%）	山东统计年鉴
	4	研发人员投入指数	山东统计年鉴
	5	R&D 人员中研究人员占比（%）	山东科技统计年鉴
创新产出	6	每亿元 GDP 技术合同成交额（万元）	山东统计年鉴 山东省科技厅
	7	每万人高价值发明专利拥有量（件）	山东省市场监管局
	8	万名研究人员科技论文数（篇）	山东省统计局
	9	每亿元 R&D 经费支出发明专利授权数（件）	山东统计年鉴
	10	规上高新技术产业产值占规上工业产值比重（%）	山东省科技厅
企业创新	11	规上工业企业 R&D 经费支出占营业收入的比重（%）	山东统计年鉴
	12	规上工业企业 R&D 人员占规上工业企业从业人员比重（%）	山东统计年鉴
	13	规上工业企业研发活跃度指数	山东统计年鉴 山东科技统计年鉴
	14	规上工业企业新产品研发指数	山东省统计局
	15	每万名规上工业企业 R&D 人员发明专利拥有量（件）	山东统计年鉴 山东科技统计年鉴
创新环境	16	每名 R&D 人员仪器和设备支出（万元）	山东科技统计年鉴
	17	高新技术企业培育指数	山东省统计局 山东省科技厅
	18	科学研究和技术服务业平均工资比较系数（%）	山东统计年鉴
	19	实际使用外资金额占 GDP 比重（%）	山东统计年鉴

一级指标	序号	二级指标	数据来源
创新环境	20	享受研发费用加计扣除减免税政策的规上工业企业占规上工业企业的比重（％）	山东省统计局
创新驱动	21	全员劳动生产率（万元／人）	山东统计年鉴
	22	科学研究和技术服务业增加值占 GDP 比重（％）	山东省统计局
	23	数字经济核心产业增加值占 GDP 比重（％）	山东省工业和信息化厅
	24	"四新"经济增加值占 GDP 比重（％）	山东省统计局
	25	万元 GDP 综合能耗（吨标准煤／万元）	根据数据计算

二、指标解释

1. 研发经费投入指数

该指标由全社会 R&D 经费支出及占 GDP 比重复合而成，用以衡量一个国家或地区科技投入规模和投入强度。其中，全社会 R&D 经费支出是指调查单位在报告年度内用于内部开展 R&D 活动的实际支出。GDP 是指按市场价格计算的一个国家（或地区）所有常住单位在一定时期内生产活动的最终成果。

2. 地方财政科技支出占一般公共预算支出的比重

该指标是衡量地方政府财政科技投入力度的重要指标。其中，地方财政科技支出是指地方用于科学技术方面的公共财政支出，包括科学技术管理事务、基础研究、应用研究、技术研究与开发、科技条件与服务、社会科学、科学技术普及、科技交流与合作等。一般公共预算支出是指地方财政将筹集起来的资金进行分配使用，以满足经济建设和各项事业的需要，主要包括一般公共服务、公共安全、教育、科学技术、文化旅游体育与传媒、社会保障和就业、卫生健康、城乡社区、农林水等的支出。

3. 基础研究经费支出占 R&D 经费支出的比重

该指标是衡量基础研究经费投入强度的指标。其中，基础研究指为了获得关于现象和可观察事实的基本原理的新知识（揭示客观事物的本质、运动规律，获得新发现、新学说）而进行的实验性或理论性研究，它不以任何专门或特定的应用或使用为目的，其成果以科学论文和科学著作为主要形式，用来反映知识的原始创新能力。

4. 研发人员投入指数

该指标由 R&D 人员折合全时当量及每万名就业人员中研发人员数复合而成，用以反映科技人力资源和研发活动人力投入强度。其中，R&D 人员折合全时当量指调查单位内部从事基础研究、应用研究和试验发展 3 类活动的全时人员加非全时人员按工作量折算为全时人员数的总和。就业人员指在 16 周岁及以上，从事一定社会劳动并取得劳动报酬或经营收入的人员。

5. R&D 人员中研究人员占比

该指标是衡量科技人才的整体质量和结构的指标。研究人员是指 R&D 人员中具备中级以上职称或博士学历（学位）的人员。R&D 人员是指参与研究与试验发展项目研究、管理和辅助工作的人员，包括项目（课题）组人员，企业科技行政管理人员和直接为项目（课题）活动提供服务的辅助人员。

6. 每亿元 GDP 技术合同成交额

该指标是反映科技成果转化的重要指标，指技术合同成交额与 GDP 之比。技术合同成交额是指报告期内在全国技术合同网上登记系统登记的技术合同（技术开发、技术转让、技术咨询、技术服务）成交项目的总金额。

7. 每万人高价值发明专利拥有量

该指标指在有效期内每万人拥有的高价值发明专利数，反映专利资源的技术含量和市场价值。高价值发明专利是指符合国家重点产业发展方向、专利质量较高、价值较高的有效发明专利，包括：①战略性新兴产业的有效发明专利；②在海外有同族专利权的有效发明专利；③维持年限超过 10 年的有效发明专利；④实现较高质押融资金额的有效发明专利；⑤获得国家科学技术奖或中国专利奖的有效发明专利。

8. 万名研究人员科技论文数

该指标反映科研人员的知识产出效率。科技论文指在学术刊物上以书面形式发表的最初的科学研究成果。应具备以下 3 个条件：①首次发表的研究成果；②作者的结论和试验能被同行重复并验证；③发表后科技界能引用。

9. 每亿元 R&D 经费支出发明专利授权数

该指标是衡量一个地区相对于研发经费投入专利产出效率的指标。发明专利授权数是指报告年度由国内外知识产权行政部门向调查单位授予发明专利权的件数。

10. 规上高新技术产业产值占规上工业产值比重

该指标是衡量高新技术产业产出水平的重要指标，反映科技创新对产业结构的优化程度。其中，规上高新技术产业产值是指属于山东省高新技术产业统计范围的行业的规上企业产值。规上工业产值是指以货币形式表现的，规上工业企业在一定时期内生产的工业最终产品或提供工业性劳务活动的总价值量，它反映一定时间内规上工业生产的总规模和总水平。

11. 规上工业企业 R&D 经费支出占营业收入的比重

该指标是衡量规上工业企业创新能力和创新投入水平的重要指标。其中，规上工业企业是指年主营业务收入在 2000 万元以上的工业企业。规上工业企业 R&D 经费是指规上工业企业在报告年度内用于内部开展研发活动的实际支出。营业收入是指企业经营主要业务和其他业务所确认的收入总额，包括"主营业务收入"和"其他业务收入"。

12. 规上工业企业 R&D 人员占规上工业企业从业人员比重

该指标是衡量企业科技活动人力投入水平的主要指标，指规上工业企业 R&D 人员数与规上工业企业从业人员数之比。

13. 规上工业企业研发活跃度指数

该指标由有研发活动的规上工业企业数及占规上工业企业数的比重复合而成，用以反映企业科技创新的活跃程度。

14. 规上工业企业新产品研发指数

该指标由规上工业企业新产品销售收入及占营业收入的比重复合而成，用以衡量规上工业企业新产品产出水平。其中，新产品指的是采用新技术原理、新设计构思研制生产的全新产品，或在结构、材质、工艺等某一方面比原有产品有明显改进，从而显著提高了产品性能或扩大了使用功能的产品。

15. 每万名规上工业企业 R&D 人员发明专利拥有量

该指标反映企业相对于 R&D 人员规模发明专利的存量水平。其中，发明专利拥有量是指调查单位作为专利权人在报告年度拥有的、经国内外知识产权行政部门授权且在有效期内的发明专利件数。

16. 每名 R&D 人员仪器和设备支出

该指标是反映科研物质条件的重要指标。仪器和设备支出包括为开展 R&D 活动而进行的仪器和设备的购置、安装、改造和大修理等实际支出的费用，属于资产性支出。

17.高新技术企业培育指数

该指标由高新技术企业数及每万家企业法人单位中高新技术企业数复合而成，用以反映高新技术企业培育成效。高新技术企业是指按照《高新技术企业认定管理办法》获得认定的，在《国家重点支持的高新技术领域》内，持续进行研究开发与技术成果转化，形成企业核心自主知识产权，并以此为基础开展经营活动，在中国境内（不包括港、澳、台地区）注册的居民企业。

18.科学研究和技术服务业平均工资比较系数

科学研究和技术服务业工资水平反映了政府及社会对从事科学研究和技术服务工作的劳动者劳动报酬的认可程度。但由于各地区消费水平差异较大，因此，这一指标还需要用地区科学研究与技术服务业工资水平与全省该行业工资水平的比例进行修正。

计算公式：（地区科学研究和技术服务业平均工资 / 地区全社会平均工资）×（地区科学研究和技术服务业平均工资 / 全省科学研究和技术服务业平均工资）×100%。

19.实际使用外资金额占GDP比重

该指标反映外资的利用水平，是体现营商环境优化的一个重要指标。实际使用外资金额是指批准的合同外资的实际执行数，外国投资者根据批准外商投资企业的合同（章程）的规定实际缴付的出资额和企业投资总额内外国投资者以自己的境外自有资金实际直接向企业提供的贷款。

20.享受研发费用加计扣除减免税政策的规上工业企业占规上工业企业的比重

该指标是反映研发费用加计扣除减免税政策落实情况的指标，享受研发费用加计扣除减免税政策的规上工业企业是指规上工业企业开展的研究开发活动符合国家研发费用税前加计扣除政策所属范畴，并已申报享受研发费用加计扣除政策的企业。

21.全员劳动生产率

该指标反映全社会的劳动效率，指根据产品的价值量指标计算的平均每一名从业人员在单位时间内的产品生产量。

22. 科学研究和技术服务业增加值占 GDP 比重

该指标是反映科学研究和技术服务业发展水平的重要指标。科学研究和技术服务业是指运用现代科技知识、现代技术和分析研究方法，以及经验、信息等要素向社会提供智力服务的新兴产业，包括研究和试验发展、专业技术服务业、科技推广和应用服务业 3 个大类活动。

23. 数字经济核心产业增加值占 GDP 比重

该指标客观反映数字经济核心产业竞争力。数字经济核心产业包括：①"计算机、通信和其他电子设备制造业"全部小类；②机电器材制造（含"电气机械和器材制造业"部分小类等）；③电子设备制造（含"仪器仪表制造业"部分小类等）；④"电信、广播电视和卫星传输服务业"全部小类；⑤互联网服务（含"互联网和相关服务业"全部小类等）；⑥"软件和信息技术服务业"全部小类；⑦文化数字内容服务（含"广播、电视、电影和录音制作业"全部小类等）。

24. "四新"经济增加值占 GDP 比重

该指标是衡量新型经济形态发展水平的重要指标。"四新"经济指"新技术、新产业、新业态、新模式"的经济形态，是在新一代信息技术革命、新工业革命及制造业与服务业融合发展的背景下，以现代信息技术广泛嵌入和深化应用为基础，以市场需求为根本导向，以技术创新、应用创新、模式创新为内核并相互融合的新型经济形态。"四新"经济增加值指常住单位通过生产过程创造的新增价值和转移的固定资产折旧价值。

25. 万元 GDP 综合能耗

该指标是反映能源消费水平和节能降耗状况的主要指标，是指一个地区在报告期内创造每一万元 GDP 所耗费的综合能源消费量。

三、评价方法

采用指数法对各级指标进行综合，各级评价值均可称为"指数"。评价步骤如下。

（1）将各二级指标除以相应的评价标准，得到二级指标的评价值，即为二级指标相应的指数，计算方法为：

$$y_{ij} = \frac{x_{ij}}{x_{\cdot j}} \times 100\%,$$

式中，x_{ij} 为第 i 个一级指标下、第 j 个二级指标；$x_{\cdot j}$ 为第 j 个二级指标相应的标准值。

（2）一级指标评价值（一级指数）$y_{i\cdot}$ 由二级指标评价值加权综合而成，即

$$y_{i\cdot} = \sum_{j=1}^{n_i} w_{ij} y_{ij},$$

式中，w_{ij} 为各二级指标评价值相应的权重；n_i 为第 i 个一级指标下设的二级指标的个数。

（3）总评价值（总指数）由一级指标加权综合而成，即

$$y = \sum_{i=1}^{n} w_{i\cdot} y_{i\cdot},$$

式中，$w_{i\cdot}$ 为各一级指标评价值相应的权重；n 为一级指标个数。